Diário
DOS 6 MINUTOS

Este diário pertence a:

Se encontrá-lo,
por favor, devolva-o.

Recompensa:

DOMINIK SPENST

Diário DOS 6 MINUTOS

SEXTANTE

Título original: *Das 6-Minuten Tagebuch*

tradução: Maurício Mendes da Costa e Vanessa Rabel

preparo de originais: Ana Tereza Clemente

revisão: Rayana Faria e Tereza da Rocha

diagramação: Ana Paula Daudt Brandão

adaptação de capa: Gustavo Cardozo

impressão e acabamento: Geográfica e Editora Ltda.

CIP-BRASIL. CATALOGAÇÃO NA PUBLICAÇÃO
SINDICATO NACIONAL DOS EDITORES DE LIVROS, RJ

S729d

Spenst, Dominik

Diário dos 6 minutos / Dominik Spenst ; [tradução Maurício Mendes da Costa , Vanessa Rabel]. - 1. ed. - Rio de Janeiro : Sextante, 2022.

304 p. ; 21 cm.

Tradução de: Das 6-minuten tagebuch
ISBN 978-65-5564-484-5

1. Autorrealização (Psicologia). 2. Sucesso. 3. Desempenho. 4. Técnicas de autoajuda. I. Costa, Maurício Mendes da. II. Rabel, Vanessa. III. Título.

22-79498 CDD: 158.1
CDU: 159.947

Gabriela Faray Ferreira Lopes - Bibliotecária - CRB-7/6643

GMT Editores Ltda.
Rua Voluntários da Pátria, 45 – Gr. 1.404 – Botafogo
22270-000 – Rio de Janeiro – RJ
Tel.: (21) 538-4100 – Fax: (21) 2286-9244
E-mail: atendimento@sextante.com.br
www.sextante.com.br

SUMÁRIO

“

Você nunca mudará sua vida a menos que mude algo que faz todos os dias. O segredo do sucesso está na sua rotina.[1]

JOHN C. MAXWELL

Obrigado!

Seja muito bem-vindo ao *Diário dos 6 minutos*. Nossa equipe está radiante por ter você conosco nesta jornada e nosso objetivo é ajudá-lo a criar uma vida que você ame de verdade.

Cultivar boas lembranças é melhor do que simplesmente sonhar com o futuro. Com este livro, esperamos que você aprenda a valorizar o aqui e agora e fique mais satisfeito consigo mesmo.

Esta ferramenta extraordinária surgiu do amor aos detalhes e foi criada com muito esforço e muita dedicação. Mas para entender tudo que ela é capaz de fazer, você terá que escrever. Transforme sua visão em realidade e deixe aqui sua marca pessoal.

Tudo que você pode ser já existe dentro de você.

“

Sua atitude em relação a quem você é e ao que já tem é algo bem pequeno que faz uma grande diferença.

THEODORE ROOSEVELT

Introdução

A mina de diamantes

Uma pequena história com uma grande mensagem

Al Hafed ouviu falar de diamantes pela primeira vez quando um sábio sacerdote lhe contou que outros camponeses africanos como ele haviam enriquecido depois de descobrirem minas de pedras preciosas. "Um único diamante, não maior do que a ponta do seu polegar, vale o mesmo que cem chácaras", disse o homem.

O camponês decidiu então vender sua chácara e partir em busca dessa pedra que o tornaria rico. Al Hafed perambulou por toda a África à procura de diamantes e assim gastou toda a vida nessa caçada desenfreada.

Sem sucesso, desanimado e com o corpo cansado, acabou desistindo dos diamantes e se atirou ao mar.

Na chácara que Al Hafed havia vendido, o novo proprietário conduzia um camelo em direção ao riacho que corria na propriedade quando se surpreendeu ao ver algo brilhando no fundo da água. Ele mergulhou a mão no riacho e pegou a pedra escura e reluzente. Decidiu levá-la para casa e deixá-la bem à vista numa prateleira.

Alguns dias depois, o sacerdote foi até lá porque queria conhecer o sucessor de Al Hafed. Quando viu a pedra na prateleira, ficou sem palavras. O camponês lhe contou que tinha achado a pedra alguns dias antes e que no riacho havia outras muito parecidas. Mas o sacerdote sabia melhor do que ninguém que não se tratava de uma pedra qualquer: "Isso não é uma pedra! É um diamante bruto, um dos maiores que já vi!"

Esse riacho, que uma vez pertenceu a Al Hafed, tornou-se uma das mais lucrativas minas de diamantes de todos os tempos.

O trecho acima é uma livre adaptação da história de Russell H. Conwell

A mensagem dessa curta história é clara. Se Al Hafed tivesse valorizado o que já possuía, teria descoberto a riqueza que havia em sua terra.

O mesmo vale para todos: nossa maior riqueza está escondida dentro de nós. Para encontrarmos nossos diamantes, só precisamos trabalhar a terra e procurá-los, porque eles estão bem ali.

Fique atento às oportunidades que surgem no dia a dia e às coisas que a vida já lhe oferece.

O que você procura já está dentro de você.

Seis motivos

... para você amar o Diário dos 6 minutos

1
Você tem nas mãos a ferramenta mais simples e eficaz para uma vida mais feliz

O Diário dos 6 minutos *não é um diário qualquer e traz os métodos mais simples para tornar você uma pessoa mais feliz e satisfeita a longo prazo.*

Num primeiro momento, essa talvez pareça uma promessa grandiosa demais. Mas explicaremos em detalhes como você poderá alcançar esse objetivo com apenas seis minutos mágicos por dia.

Para extrair todos os benefícios que esta incrível ferramenta oferece, basta seguir as instruções à risca. Depois de estabelecer o hábito de escrever em seu *Diário dos 6 minutos* todos os dias, você verá que ele é capaz de fazer milagres. Será como construir sua felicidade tijolo por tijolo – e, quando menos esperar, você terá uma casa sólida e bonita.

Muitos livros prometem uma vida plena, mas poucos cumprem a promessa. Isso porque a maioria alega ensinar o caminho dourado, a fórmula única para a felicidade – que na verdade não existe, porque somos bem diferentes uns dos outros. O *Diário dos 6 minutos*, em contrapartida, fornece os fundamentos e os materiais com os quais você pode construir sua felicidade por conta própria, do seu jeito. Dia após dia, a cada página preenchida, você cria a vida ideal – com a sua marca registrada.

Há 2,8 milhões de anos, cada um de nós nasceu com um software pré-instalado: o software da sobrevivência. No passado, nossa vida dependia dele. Hoje em dia ele é menos útil, já que faz com que o cérebro esteja constantemente à procura do que possa dar errado ou represente uma ameaça à sobrevivência. Isso desperta sentimentos negativos e obriga nossa mente a prestar mais atenção nas coisas ruins do que nas boas. Experiências emocionais negativas, *feedbacks* ruins e lembranças desagradáveis têm uma influência maior sobre você do que seus opostos.[2] É por isso que a dor de um coração partido é maior que a alegria de uma relação harmoniosa. A dor da perda – de um ente querido ou um animal de estimação, por exemplo – é, em média, três a quatro vezes mais intensa do que a alegria que sentimos ao compartilhar a vida com uma pessoa amada ou com nosso bichinho. O cérebro funciona como uma esponja na hora de absorver coisas ruins e como uma camada de teflon na hora de responder a coisas boas. Condicionados pela evolução, reagimos com mais rapidez e intensidade a influências negativas e por natureza superestimamos justamente aquilo que faz sofrer.[3] Esse mecanismo se enraizou no cérebro ao longo de quase 3 milhões de anos, e as últimas três décadas de pesquisa na área da psicologia positiva não serão capazes de mudar algo assim de uma hora para outra.

Satisfação e alegria de viver? Esses não são os principais interesses do cérebro, já que tais disposições emocionais seriam mais prejudiciais do que qualquer outra coisa na luta pela sobrevivência. Afinal, fala-se da "sobrevivência do mais forte", não da "sobrevivência do mais feliz".

A boa notícia é que este diário vai ajudar você a ser mais esperto do que a sua parte evolutiva e rabugenta. Foi comprovado cientificamente que é possível estabelecer novas conexões no cérebro por meio de repetições proativas e, sobretudo, diárias. Felizmente, você poderá instalar um software de novos hábitos positivos como alternativa às emoções negativas. Esse processo se chama neuroplasticidade (veja na página 50). Em média, são necessários 66 dias de execução diária para estabelecer um novo hábito.[4] Ou seja, o segredo para o sucesso é a constância. A felicidade não é uma questão de sorte ou simples acaso; ela pode ser aprendida, passo a passo.

Você sempre agradece por tudo o que tem? Se a resposta for positiva, você expressa esse reconhecimento do jeito que ele merece? Quando foi a última vez que você sentiu gratidão genuína em relação a seu parceiro ou a seu melhor amigo? Quando foi a última vez que disse a eles como é grato por todas as coisas incríveis que fazem por você em vez de se irritar por causa de pequenos detalhes incômodos?

Se você não se sente satisfeito com o que tem hoje, tampouco será grato amanhã ou na semana que vem pelo que ainda vai receber. Não estou falando de um pacote da *Amazon*, de um elogio ou de alguma festa de comemoração, mas das coisas que já fazem parte do cotidiano. Foi comprovado que

> ***O truque mais importante para ser feliz é reconhecer que a felicidade pessoal é uma escolha e uma habilidade. Você escolhe ser feliz e depois trabalha para que isso aconteça.***[5]
>
> NAVAL RAVIKANT

valorizá-las diariamente e se concentrar nelas são atitudes que levam você a se sentir mais feliz e satisfeito a longo prazo.

O *Diário dos 6 minutos* foi elaborado para que você possa adotar uma atitude fundamental positiva e padrões de comportamento benéficos investindo alguns poucos minutos diários. Dessa forma, você passa a se concentrar mais nas possibilidades reais do que nos obstáculos que precisa superar. Quem busca se sentir bem precisa pensar bem.

É por isso que um dos princípios do *Diário dos 6 minutos* é olhar para aquilo que já existe e funciona – não para o que está em falta ou que vem dando dor de cabeça. Assim você dá visibilidade às coisas positivas e pratica o desenvolvimento de pensamentos construtivos. O diário ajuda você a encontrar o equilíbrio entre valorização e desenvolvimento pessoal, entre gratidão e desempenho. Com ele, você aprende a apreciar o aqui e agora e descobre como a gratidão pode torná-lo mais feliz – além de ter uma plataforma na qual poderá praticar esse gesto todos os dias.

A gratidão é a fórmula mágica que vai abrir as portas para todas as possibilidades que vão surgindo ao longo do dia. Nas palavras de Mark Twain, "Dê a cada dia a oportunidade de se tornar o mais belo da sua vida".

2
Nada de conversa motivacional nem esoterismo. O princípio do livro se baseia em conhecimento científico

Aqui, não fazemos promessas que não estejam embasadas em experiências reais ou em resultados de estudos científicos. Por meio de seu trabalho, psicólogos renomados e importantes cientistas prepararam o terreno para o *Diário dos 6 minutos*, e você não vai precisar ler centenas de publicações científicas para descobrir o que pode aproveitar de cada uma delas. Como pode ver nas referências bibliográficas, nós já fizemos esse levantamento para você.

Porém, conhecimento teórico e aplicação prática são coisas bem distintas. Podemos pressupor que todos os bons médicos entendam de alimentação saudável. Mas isso significa que todos eles se alimentam de forma saudável? Provavelmente não. É possível que o mesmo valha para você e para tudo que sabe sobre os efeitos benéficos da gratidão, de uma postura positiva, da autorreflexão e de bons hábitos. Pois, realmente, integrar esses elementos à vida é algo bastante diferente de simplesmente ler ou falar sobre eles.

Depois de ler todas as explicações contidas aqui, você não precisará gastar um único centavo a mais para pôr a teoria em prática. Esta é uma ferramenta compacta e eficiente que vai ajudar você a utilizar os fundamentos teóricos da psicologia positiva na prática e a longo prazo. E o que é melhor: com apenas seis minutos por dia.

3
Ao contrário de outros diários, a prática da escrita diária aqui vira brincadeira de criança

> “*Nada é difícil demais se você divide a tarefa em partes menores.*
> HENRY FORD

Você já presenciou alguém se esforçando muito para mudar um hábito? Emagrecer 5 quilos, alimentar-se de forma mais saudável, dormir melhor, estudar para uma prova ou ter um relacionamento mais amoroso com o parceiro... Certamente essa pessoa fez planos muito bem elaborados, mas é provável que ela logo recaia em seus antigos padrões de comportamento. Segundo as estatísticas, você já deve ter vivenciado algo parecido: 92% das pessoas que decidem parar de fumar acabam fracassando; 95% das tentativas de emagrecimento levam ao efeito sanfona; e 88% das pessoas que fazem resoluções de ano-novo não conseguem realizá-las.[6] Por que não seria assim com a decisão de manter um diário? No início você escreve, supermotivado, mas a euforia logo desaparece, e o "projeto diário" é arquivado. São várias as razões para que isso aconteça: talvez você não tenha uma estrutura adequada, o tempo que investe na escrita pode parecer longo demais, ou, quem sabe, você não tenha internalizado bem o sentido real do que significa ter um diário. Com este livro, todos esses problemas são sistematicamente eliminados, pois ele foi concebido para garantir que mesmo quem não tem o hábito de escrever num diário não deixe a peteca cair.

Embora pareça muito simples, a estrutura do diário foi muito bem pensada, e a leitura de todas as informações presentes na introdução vai convencer até mesmo o mais crítico dos leitores. A desculpa mais usada (a tal falta de tempo) não vale neste caso. Dividir o tempo total de seis minutos em três minutos de manhã e três minutos antes de dormir minimiza o bloqueio da escrita mesmo para quem é bastante criativo na arte de inventar desculpas. Os momentos do dia estipulados para escrever no diário facilitam o estabelecimento de uma rotina e contribuem para que, na melhor das hipóteses, escrever se torne seu primeiro impulso ao acordar e seu último impulso antes de dormir. Uma meta sem comprometimento não passa de um sonho. O objetivo aqui é a maximização da felicidade pessoal. Todas as manhãs e todas as noites, você tem um pequeno compromisso que vai deixá-lo mais perto dos seus objetivos, um pequeno passo depois do outro.

Por que devo escrever à mão se posso digitar?

A caneta é mais poderosa do que o teclado. Você pode até transferir suas anotações para o computador mais tarde. No entanto, já foi comprovado que escrever com papel e caneta transforma a nossa essência. Quando escrevemos à mão, conseguimos entender melhor as situações que vivemos e nos lembrar delas por mais tempo do que quando digitamos.[7] Há evidências de que é possível acelerar o processo de cura de lesões físicas ao manter um diário e descrever as emoções que elas provocam.[8] O *Diário dos 6 minutos* não é um aplicativo, mas um livro dedicado exclusivamente a um propósito. Com esta ferramenta analógica você poderá aproveitar todos os benefícios da escrita com o uso de papel e caneta, algo que já havia ficado no passado.

4
Você fará de suas lembranças uma obra excepcional

Um diário é como um bom vinho. Nós o deixamos guardado, maturando por um tempo, para depois desfrutar de toda a sua excelência. Agora imagine que você já terminou de preencher o *Diário dos 6 minutos* e o guardou. Ao retirá-lo da gaveta meses ou anos depois, você vai partir numa viagem para as regiões mais emocionantes e sensíveis da sua memória e perceberá que desenvolveu uma visão bem diferente de certos momentos que viveu. Em retrospecto, você vai entender por que isso aconteceu e poderá retraçar os passos de sua evolução pessoal. Assim, terá em mãos um testemunho de antigos desejos, pensamentos e pontos de vista. Como já dizia o poeta romano Marcial há quase 2 mil anos: "Poder usufruir da vida passada é poder viver duas vezes." Imagine se sua mãe ou seu avô tivessem escrito uma obra sobre si mesmos. O que eles não dariam para ter uma recordação tão inestimável? Você está no caminho certo para um dia vir a ter sua própria caixinha de lembranças, cheia de tesouros. Existe algo mais emocionante do que ter uma obra sobre si mesmo?

5
É divertido e mostra o que faz você feliz

Escrever num diário envolve sentir o que você está escrevendo. Só assim a escrita poderá alcançar seu potencial máximo (você poderá encontrar mais informações sobre isso na dica nº 2, na página 94). Neste momento, tire dois minutos para colocar a teoria em prática e pense em algo pelo qual você é grato: uma experiência muito valiosa que teve ou um momento muito significativo. Assim que tiver conseguido pensar em algo importante de fato, feche os olhos e se concentre em suas emoções por dois minutos. Não deixe para depois, faça isso agora!

Como você está se sentido? Para entrar em contato com os seus sentimentos de forma consciente, preste atenção neles por alguns minutos. Já foi comprovado que a gratidão é o oposto de todos os sentimentos negativos. Ela atua como um agente intensificador das boas experiências. Da mesma forma que um amplificador intensifica as ondas sonoras capturadas pelo microfone, a gratidão intensifica tudo que há de bom em sua vida. Como ocupar a mente com emoções positivas proporciona uma alegria momentânea, o uso do diário lhe fará bem automaticamente. E, com isso, trará certa diversão aos seus dias. De modo semelhante, os desafios e, em especial, as cinco perguntas da semana são emocionantes, diversificados e divertidos.

Já parou para pensar no que faz você feliz? Nos tempos atuais há tantos caminhos diferentes a seguir que encontrar a resposta para essa indagação é mais importante do que nunca. Fazendo as perguntas certas todos os dias, o *Diário dos 6 minutos* ajuda você a descobrir o que o faz feliz – afinal, uma pergunta inteligente já representa metade da verdade.

6
Você aprende a separar a sua felicidade interior das circunstâncias externas

Confúcio dizia que "Temos duas vidas. A segunda começa quando percebemos que só temos uma". Quando perguntaram ao bem-sucedido empresário Naval Ravikant se ele já havia alcançado esse ponto de virada, ele deu a seguinte resposta: "Lutei a vida inteira para alcançar certos objetivos materiais e sociais. Quando os alcancei, percebi que as pessoas ao meu redor – muitas das quais haviam conseguido um sucesso semelhante e caminhavam para um sucesso ainda maior – não pareciam tão felizes assim. No meu caso, minha sensação de bem-estar diminuía assim que eu alcançava novas metas, porque eu me acostumava com rapidez às novas situações. Por mais banal que isso possa parecer, cheguei à conclusão de que devemos impulsionar a alegria de viver a partir do nosso interior. Comecei a me ocupar cada vez mais do meu eu e entendi que o sucesso real não está ligado às circunstâncias externas, mas ao que está dentro de nós."[9]

A experiência de Naval Ravikant está longe de ser um caso isolado. A maioria das pessoas pensa que seria mais feliz se tivesse mais dinheiro, se morasse num lugar melhor, se encontrasse a alma gêmea, se tivesse o emprego dos sonhos. Mas não é preciso esperar o próximo grande acontecimento para sermos mais gratos e felizes a longo prazo. Até porque, quando alcançamos um desses objetivos, logo percebemos que não houve uma grande mudança de fato. Ainda somos os mesmos. Por isso é improvável que as circunstâncias externas nos tragam uma felicidade duradoura. Isso já foi comprovado por diversos estudos,[10] e sua experiência de vida até hoje deve confirmar essa alegação. Seja sincero: quantas vezes você já pensou *Se conseguir isto ou aquilo serei mais feliz*? E depois de obter o que queria, quantas vezes sentiu ter alcançado a felicidade plena?

A partir de hoje, reserve um tempo para celebrar os pequenos momentos felizes. Se você não consegue aproveitar instantes fugazes de alegria, é improvável que consiga celebrar os grandes. Aproveite o tempo que tem para valorizar as pequenas conquistas diárias. Quando foi a última vez que você comemorou uma de suas conquistas?

> “*As coisas têm o valor que damos a elas.*”
>
> MOLIÈRE

O caminho para uma vida mais prazerosa não tem nenhum mistério, não é uma receita secreta reservada apenas a monges budistas. Você também pode desenvolver uma atitude mais positiva, que vai ajudá-lo a separar a sua felicidade das circunstâncias externas. Continue lendo e descubra isso por conta própria.

Gratidão

Depois de um ano de estudos no exterior, repleto de viagens pelos mais belos países da Ásia, havia chegado a hora de voltar para casa. Para fechar aquele ano emocionante com chave de ouro, embarquei em minha primeira viagem solo. Recém-chegado ao Camboja, fui logo a uma locadora de motos, onde um viajante que estava na mesma situação que eu me abordou. Cheios de entusiasmo, decidimos ir juntos até um mirante não muito longe dali. No caminho até lá, fui curtindo o vento, que era muito agradável, enquanto a paisagem mágica tinha um efeito maravilhoso sobre mim. De repente, um estrondo: meu mais novo conhecido se desequilibrou sobre a minha perna esquerda a cerca de 70 quilômetros por hora. Enquanto eu voava como uma bola de futebol americano, capotando diversas vezes até aterrissar no asfalto, ele havia caído sem se machucar. Ele me encarou por alguns segundos para logo em seguida fugir.

Lá estava eu: caído, ensopado de sangue, sob um sol de 35 graus, sozinho no meio do nada no Camboja. Não havia uma parte sequer do meu corpo que estivesse intacta, e metade da minha perna esquerda estava completamente destruída. Era uma visão que, de quando em quando, me fazia desmaiar. Alguns habitantes locais foram se aproximando devagar, mas, em vez de ajudar, somente me olhavam – um dos espectadores até mesmo gravou com o celular um vídeo da minha perna. Fiquei aliviado quando a polícia chegou depois do que pareceu uma eternidade. *Finalmente, vão me levar para o hospital!* Mas os policiais não me dirigiram uma única palavra. Quando compreenderam que ali não havia meios de me arrancar dinheiro, foram embora com toda a calma do mundo – indiferentes aos meus gritos de socorro. Àquela altura, o pânico que tomava conta de mim atingiu um novo nível, pois, pela primeira vez, me ocorreu que eu poderia sangrar até a morte. Os habitantes locais deram as costas e me deixaram ali. Sozinho. Então senti que alguém levantava minha cabeça por trás, falando comigo em inglês: "Como você se chama?" Respondi, e ele disse: "Olá, Dominik, eu me chamo Doug. Vou levar você embora daqui, mas você precisa parar de olhar para a sua perna!" Doug era da Austrália e tinha 65 anos. *Obrigado por salvar minha vida, Doug!*

Seguiram-se 12 operações e 16 semanas no hospital, durante as quais fiquei o tempo todo inseguro, pois não sabia se ia ou não perder a perna. Depois de cada uma das cirurgias, a situação se mantinha igual ou chegava a piorar. Para uma pessoa que não conseguia passar uma semana sem fazer exercícios físicos, o simples pensamento de perder a perna era aterrorizante. Embora eu estivesse indo de mal a pior, do ponto de vista da saúde mental, ouvia com frequência comentários como "Por que você está tão bem-humorado?", ou "Você age como se nada tivesse acontecido". Eu não estava fingindo. Simplesmente percebi como minha atitude interior aos poucos se tornava independente das circunstâncias externas.

Antes do acidente, uma "carreira de sucesso" estava no topo da minha lista de prioridades e eu me esforçava muito para receber a aprovação alheia. *Se eu estiver entre os 5% dos melhores da minha turma, todas as portas vão se abrir. Se eu trabalhar naquela empresa renomada, logo terei uma casa e uma família (mesmo que eu ainda não tenha uma companheira).* Apesar de nenhuma dessas circunstâncias me deixar mais feliz, eu continuava preso naquela minha rodinha de hamster – sem o acidente, talvez estivesse até hoje correndo atrás dessas circunstâncias externas. Você se lembra da frase de Naval Ravikant? O mesmo aprendizado – devemos impulsionar a alegria de viver a partir do nosso interior – se tornava cada vez mais palpável enquanto eu estava no hospital. E ficava evidente que meus padrões de pensamento anteriores me atrapalhavam porque, a cada novo objetivo, eu vinha adiando a felicidade. Percebi também que estava atendendo às expectativas alheias e estabelecendo metas que tinham muito pouco a ver com os meus desejos. Esse processo não foi um mero acaso, mas o resultado da gratidão diária e da autorreflexão. Em vez de me concentrar nas coisas ruins – o que seria muito fácil quando o universo inteiro se resumia a uma cama e a um banheiro de hospital –, coloquei o foco nas coisas boas, que, como logo percebi, existiam aos montes!

Apesar de ter sofrido vários traumatismos cranianos, eu estava lúcido. Ainda tinha a outra perna e contava com o apoio da minha família e dos amigos mais próximos. Aprendi a valorizar o que eu tinha e comecei a anotar todas as pequenas coisas belas do dia a dia para tomar ainda mais consciência do que vinha passando. Entendi que o sucesso verdadeiro é o sucesso interior. Essa postura permanece inalterada até hoje, e minha mente não é mais refém de um loop infinito, que leva sempre ao próximo grande objetivo. Resumindo: estou mais sereno e realizado do que antes e, de lá para cá, me recuperei por completo.

Depois do acidente, passei milhares de horas estudando a psique humana e coletei experiências de cerca de 700 mil pessoas que utilizaram o *Diário dos 6 minutos*. Eu chegava sempre à mesma conclusão: pequenos hábitos têm um efeito enorme. Desde que fixei essa ideia, investi toda a minha energia no desenvolvimento de ferramentas que pudessem ajudar as pessoas a responder a estas duas perguntas: O que me faz feliz? Quais hábitos vão trazer mais felicidade para a minha vida? Não importa quais são os seus objetivos: criar hábitos positivos, dando passos pequenos e realistas, é o melhor caminho para alcançá-los. A boa notícia é que você não precisa de um chamado traumático para despertar e incorporar esse conhecimento teórico no seu dia a dia. Você pode começar agora mesmo a criar hábitos que vão enriquecer sua vida. Muitas experiências incríveis não teriam acontecido se não fosse pelo acidente que sofri. Você está segurando uma delas neste instante.

Agora eu gostaria de fazer alguns agradecimentos. Obrigado às fontes de inspiração que não conheci pessoalmente: Robert Greene, Tony Robbins, Maria Popova, Jonathan Haidt, Alex Ikonn, Ryan Holiday, Tim Schlenzig e Martin Seligman. Um grande agradecimento à minha família e aos meus amigos mais íntimos. Com frequência sou lembrado da importância que essas pessoas têm e de onde eu estaria se não fosse por elas.

Por fim, agradeço a *você*! Obrigado por estar lendo estas palavras neste exato momento. Obrigado por escolher participar desta jornada em direção a uma vida mais atenta e feliz!

“

Não são as circunstâncias exteriores que transformam a vida; são as transformações interiores que se exteriorizam na vida.

WILMA THOMALLA

UM BREVE PANORAMA

... da melhor forma de utilizar o Diário dos 6 minutos

ROTINA DA MANHÃ

1. **Gratidão (p. 66):** Anote três coisas pelas quais se sente grato ou uma coisa pela qual se sente grato e três justificativas.
2. **Como deixar meu dia ótimo (p. 74):** Direcione o foco para as oportunidades do dia. Quais são seus objetivos e prioridades para hoje? Quais ações concretas vão colocar você na direção certa?
3. **Afirmação positiva (p. 79):** Crie uma imagem de como você se vê hoje ou no futuro. Defina-se como a pessoa que você quer ser.

ROTINA DA NOITE

4. **Qual foi a minha boa ação do dia? (p. 85):** Toda boa ação, ainda que pequena, pode fazer alguém feliz. Fazer bem aos outros deixa você satisfeito por mais tempo.
5. **Potencial de melhora (p. 86):** Você quer continuar a crescer e se desenvolver. O que aprendeu hoje? Quais oportunidades de melhora você vê hoje?
6. **Momentos felizes do dia (p. 89):** Todos os dias contêm pequenos momentos de felicidade e sucesso. Fique de olho neles, aproprie-se deles e se agarre a eles.

ROTINA DA SEMANA

O desafio da semana (p. 104): Aqui você sai da zona de conforto para fazer algo de bom para si mesmo ou para outra pessoa.

As cinco perguntas (p. 103): Essa seção traz perguntas que você talvez nunca tenha feito a si mesmo – e que vão ajudá-lo a se conhecer melhor.

(S) T Q Q S S D 26/09/2022

1 Sou grato por...

1. Sentir o sol na minha pele.
2. Poder preparar um café da manhã delicioso.
3. Ter amigos incríveis que enriquecem a minha vida.

2 Deixarei meu dia ótimo assim:

Quero me sentir em forma e saudável e, por isso, vou praticar algum esporte.
Vou separar um tempo para mim antes do trabalho e ler o livro novo por dez minutos.
Vou meditar para me sentir mais equilibrado.

Página ilustrativa de como a rotina dos seis minutos pode ser.

3 Afirmação positiva

Controlo minhas atitudes e decido ser forte e confiante.

Citação do dia

ou

Desafio da semana

4 Qual boa ação pratiquei hoje?

Segurei a porta para uma pessoa passar.
Dei um sorriso simpático para a vendedora.

5 O que vou fazer melhor amanhã?

Vou ligar para a minha mãe para saber como ela está.
Não vou mais tomar café depois das 2 da tarde.

6 Coisas legais que aconteceram hoje

1. Aceitei de bom grado um elogio.
2. Consegui alcançar meus objetivos diários.
3. Provei uma comida deliciosa que um colega recomendou.

Muito mais que apenas um diário

... o que as rotinas semanais e mensais podem oferecer a você

Desafios da semana – saindo da zona de conforto

> "
> *A vida começa onde termina sua zona de conforto.*[11]
>
> NEALE DONALD WALSCH

Toda semana o *Diário dos 6 minutos* vai propor um novo desafio que levará você a fazer algo bom para si mesmo ou para outras pessoas. Enfrentar esses desafios pode ser difícil no começo, mas a longo prazo aumentará seu bem-estar. Por natureza, seu software da sobrevivência está programado para poupar esforço e energia. Em relação ao que é novo e desconhecido, ele é ainda mais cético, e na maioria das vezes recusa novidades porque inconscientemente as associa a ameaças. É por isso que você prefere estar bem aconchegado em sua zona de conforto. Por isso quer permanecer num espaço seguro onde tudo é familiar, onde riscos e estresse podem ser minimizados, onde tudo é quase previsível. Você quer ter um corpo bonito, mas não quer ir à academia nem resistir à constante tentação de comer fast-food. Prefere ficar imaginando como seria subir ao altar com o parceiro dos seus sonhos a dar o primeiro passo e chamá-lo para sair.

Como comprou o *Diário dos 6 minutos*, é provável que você já tenha uma mente mais aberta em relação ao "novo" do que a maioria das pessoas. Se aceitar os desafios e permitir ser confrontado pelo "novo", além de aprender, você vai permanecer flexível e continuar a evoluir. Os desafios foram concebidos para levar você a fazer coisas que não são muito do seu feitio.

Não importa se estamos falando de sucesso profissional, relacionamentos pessoais, vida espiritual ou ambições esportivas. Os objetivos e a zona de conforto não moram na mesma rua. Por isso é conveniente, mas não é bom confundir o que é conveniente com o que é bom. Da mesma forma que qualquer outro progresso real, seu crescimento pessoal acontece fora da sua zona de conforto. Você vai se jogar para fora do ninho mental de comodidade e conveniência – e ninguém se beneficiará mais disso do que você mesmo.

Cinco perguntas semanais: a verdade sobre você

Todos queremos ter respostas. De preferência, de maneira rápida, clara e evidente. Temos tendência a superestimar as respostas "corretas". Não é de admirar, pois o sistema educacional e profissional nos condicionou a pensar assim: de prova em prova, de tarefa em tarefa e de projeto em projeto, encheram a nossa cabeça e nos ensinaram a pensar sempre no resultado final. Enquanto boas perguntas não são ensinadas nem recompensadas nas escolas, chove reconhecimento por respostas decoradas. Professores fazem

"

Amo perguntas. Talvez porque tenha mais perguntas que respostas e tire maior proveito delas. E porque perguntas são poderosas.

TIM SCHLENZIG

perguntas e distribuem notas altas por respostas "corretas". Chefes de empresa querem soluções e pagam um bom dinheiro para obter bons resultados. Mas a vida não gira apenas em torno do objetivo final – ela tem muito mais a ver com o caminho que nos leva até lá, com todos os becos sem saída, os desvios e as bifurcações.

O fato de a sociedade valorizar mais respostas e resultados é algo que se reflete na vida profissional e educacional e se estende à vida pessoal. Por isso muitas vezes fazemos perguntas que são menos importantes, como "O que os outros pensam de mim?", ou "Como posso ser melhor que eles?". Enquanto isso, raras vezes nos ocupamos com perguntas essenciais, como "Quais são minhas prioridades e por quê?", ou "Como estou me sentindo agora e por que me sinto assim?". E, ainda que nos ocupemos de perguntas fundamentais, a tendência é nos precipitarmos para encontrar logo uma resposta. Estamos focados demais na solução imediata, na recompensa atrelada a ela e no sentimento de satisfação (de curta duração) que resulta dela.

Muitas vezes, as respostas nos fazem crer que não é preciso ir mais longe porque já sabemos tudo. Com frequência, são respostas pré-concebidas e, portanto, convenientes, mas, com isso, opiniões alheias e soluções padronizadas nos são empurradas goela abaixo. Já as boas perguntas nos estimulam a elaborar respostas por conta própria e, portanto, são um solo fértil às soluções criativas e individuais. Elas nos levam a olhar e pensar além de nosso horizonte e a descobrir coisas novas. Os processos pelos quais passamos quando formulamos uma pergunta ou tentamos descobrir o que a motivou são a chave para a compreensão real das coisas e para o nosso crescimento sustentável.

Em mais de quarenta anos como gestor de um dos fundos de investimento mais bem-sucedidos do mundo, Ray Dalio conseguiu reunir experiências de milhares de funcionários. Como ele mesmo disse: "Pessoas inteligentes são as que fazem as perguntas mais criteriosas, ao contrário das que acham que conhecem todas as respostas. No que diz respeito ao sucesso futuro, boas perguntas são um indicador muito melhor do que ótimas respostas."[12] Portanto, se você quer aprender, crescer e seguir em frente, é necessário desenvolver um apreço consciente por perguntas bem elaboradas. Com as cinco perguntas da semana, você irá proativamente nessa direção. Quer sejam profundas, divertidas, motivadoras, inspiradoras ou uma mistura de tudo isso, as perguntas mudam a cada semana e, assim, estimulam você a pensar sempre.

Todos nós temos alguma ideia do que tornaria a vida "perfeita" e de como ela "deveria" ser. Com base nesse ideal, muitas vezes perseguimos objetivos que exigem muito de nós e que pouco têm a ver com aquilo de que de fato precisamos. Mas como podemos descobrir quais objetivos combinam conosco? O primeiro passo é tirar o pé do pedal do aperfeiçoamento pessoal e engatar a primeira marcha da autoaceitação. Ter metas é importante, mas é igualmente importante conseguir dizer com honestidade: "Sinto-me completo assim como sou." A autoaceitação é o ponto de partida para estabelecer metas que estejam em consonância com quem você é. Se você pular essa etapa, a frase será sempre: "Só estarei completo quando alcançar isso ou aquilo." Com esse padrão de pensamento, você dificilmente se permitirá gostar de si mesmo do jeito que é. E, a cada novo objetivo, correrá o risco de entrar numa luta interna que, a longo prazo, não será capaz de vencer.

> “*Quem não se 'encaixa no mundo' está sempre muito perto de encontrar a si mesmo.*
>
> HERMANN HESSE

Quando se aceita – com todos os seus pontos fortes e fracos, com todas as imperfeições e sensibilidades –, você se torna capaz de traçar objetivos que o fazem crescer. Como disse Ray Dalio: "As pessoas mais felizes são as que descobrem a própria natureza e ajustam sua vida a ela."[13] Assim, um dos principais objetivos das cinco perguntas da semana é se conhecer melhor por meio da autorreflexão e, a partir disso, descobrir os objetivos que de fato completam você (para mais informações, veja as páginas 103, 111 e 120).

Nesse processo, muitas das perguntas vão desafiá-lo a mergulhar fundo em si mesmo. É normal encontrar resistência. Sendo assim, se uma pergunta deixar você desconfortável, isso pode ser um indício de que se dedicar a ela será ainda mais valioso. Caso tenha alguma dúvida na hora de elaborar sua resposta, simplesmente deixe a pergunta de lado por um tempo e retome-a depois de algumas semanas, de modo a lhe dar uma segunda chance. Se aceitar o desafio, você vai conseguir compreender melhor como leva a vida e, dessa forma, será muito mais sereno e descontraído ao lidar com suas questões. Você vai desenterrar do fundo da consciência tudo aquilo que reprimiu ou esqueceu e encontrar respostas surpreendentes e emocionantes a respeito de si. Além disso, ainda vai enxergar seu jeito por outro ângulo e inovar o modo como pensa.

> "*O auge da felicidade é quando o ser humano está pronto para ser o que ele é.*"
>
> ERASMO DE ROTERDÃ

Um fato interessante sobre o futuro

Quanto você acha que sua personalidade, com suas características, seus valores e suas predileções, mudou nos últimos dez anos? (0 = você é o mesmo que era antes; 10 = você é uma pessoa totalmente diferente.) Anote esse número e, em seguida, atribua um valor a quanto você espera mudar nos próximos dez anos. Não continue lendo antes de responder.

O primeiro número foi muito maior que o segundo? Apesar de sermos capazes de perceber bem as grandes mudanças no passado, achamos que muito pouco de nossa personalidade mudará no futuro. Esse fenômeno é chamado de "ilusão do fim da história", um equívoco que o psicólogo Dan Gilbert, da Universidade Harvard, observou num estudo com 19 mil participantes de todas as faixas etárias.[14]

De fato, a probabilidade de sua personalidade mudar nos próximos dez anos da mesma forma que mudou nos últimos dez anos é bem alta. Por que seu desenvolvimento pessoal deveria perder o embalo agora? Esteja ciente de que não existe uma única resposta certa para a maioria das perguntas da semana – principalmente para pessoas mais profundas. Algumas das respostas de hoje podem muito bem diferir das respostas que você daria daqui a alguns meses ou anos. Por essa razão, não são as respostas em si o que mais importa, mas os momentos valiosos que você vivencia durante a busca – ou seja, o tempo que você passa sondando seu interior.

"

Ser você mesmo num mundo que quer a todo momento que sejamos diferentes é a maior das conquistas.

RALPH WALDO EMERSON

Controle de hábitos – boas intenções se transformam em hábitos reais

Você já parou para pensar no que acontece com os hábitos ruins a partir do momento em que não fazem mais parte do dia a dia? Eles desaparecem como em um passe de mágica? Claro que não, porque cada hábito – seja antigo ou novo – deixa uma estrutura neural fixa no cérebro,[15] algo como uma "fita cassete neural". Essa fita é arquivada nos chamados núcleos da base, as áreas do cérebro responsáveis pela criação de hábitos, entre outras coisas. Como é impossível apagar a gravação da fita cassete neural, o recomendado é inserir uma nova fita caso você esteja cansado de ouvir a mesma música que já está gravada. Agora vou repetir, mas sem analogias desta vez: como os hábitos antigos estão firmemente enraizados no cérebro, a melhor maneira de se livrar deles é construir novos hábitos positivos. Assim que você perde o foco em manter hábitos positivos, hábitos antigos e indesejados podem ser reativados.[16] Então, para evitar recaídas em antigos padrões de comportamento, você precisa saber que o controle de hábitos (página 101) vai ajudá-lo a manter comportamentos existentes ou estabelecer novos. Como bons hábitos são essenciais para uma vida boa, desenvolvemos um capítulo inteiro sobre o assunto na parte teórica do livro (página 43).

Checagem do mês – seu registro do momento

Que balanço você faz das diferentes áreas da sua vida hoje e em qual direção elas estão indo? Nessa seção, você será capaz de ter uma ampla visão de como cada um dos aspectos de seu cotidiano – saúde, humor, finanças, alimentação

– vem se transformando ao longo do tempo. Para dar o pontapé inicial, você deve fazer um balanço de como cada aspecto do dia a dia está agora e, ao longo dos meses, identificar como está sendo sua evolução. Dê uma espiada na página 100 para ter uma ideia de como o processo funciona. Caso você não saiba o que fazer com uma dessas categorias, pule para a próxima ou a substitua por outra que talvez esteja faltando. Não hesite em deixar sua marca pessoal registrada no diário.

“

Apenas as pessoas mais brilhantes utilizam a inteligência não só para julgar os outros, mas também a si mesmas.

MARIE FREIFRAU VON EBNER-ESCHENBACH

Os fundamentos

... os princípios teóricos por trás deste livro prático

Os fundamentos deste livro estão divididos em três partes: psicologia positiva, hábitos e autorreflexão. Quem aprender a aplicá-los de forma correta conseguirá realizar qualquer coisa na vida. Ainda que você já esteja familiarizado com alguns desses princípios, a enxurrada de trabalho, as responsabilidades e as necessidades diárias nos fazem esquecê-los de vez em quando. Mas esses fundamentos ajudarão você a compreender e internalizar esses princípios na teoria, enquanto o diário levará você a treiná-los todos os dias.

Psicologia positiva

... a ciência que torna o ser humano mais feliz

O que é a psicologia positiva? Até o final dos anos 1990, a pesquisa na área da psicologia concentrava-se unicamente nos aspectos negativos da vida. Dava-se ênfase ao tratamento de distúrbios psíquicos como angústia, estresse e depressão. Uma das principais razões é que a psicologia como campo de pesquisa científica sempre dependeu do financiamento estatal. Após a Segunda Guerra Mundial, esses fundos foram direcionados quase que com exclusividade ao tratamento de transtornos mentais resultantes dos tempos de guerra. Nos cinquenta anos que se seguiram, o foco permaneceu o mesmo. Assim, as pessoas que não apresentavam algum tipo de transtorno mental foram esquecidas – indivíduos que, no geral, estavam relativamente satisfeitos com a própria vida e até mesmo eram felizes. Resumindo: pessoas "normais". Alguns céticos vão ler isso e pensar que pessoas normais não são felizes. Mas essa visão está errada. Deixemos que os números falem por si sós: observou-se um total de 188 mil adultos (incluídos 18 mil estudantes) de 16 países numa compilação que reunia 146 estudos. A grande maioria das pessoas entrevistadas se declarou "bastante feliz".[17] É claro que, nesse caso, a exceção confirma a regra: em tempos de guerra, de opressão política e de situações como o apartheid na África do Sul, a história é inteiramente diferente. Mas se você andar pelas ruas hoje, notará que a maioria das pessoas que vão cruzar seu caminho é mais feliz do que infeliz. O mesmo estudo apontou que a felicidade se encontra bem distribuída por faixas etárias, gêneros, culturas e países.

Como tornar as pessoas mais felizes?

Para as pessoas ditas "normais", o que faz a vida valer a pena? Como podemos tornar *essas* pessoas mais felizes em vez de apenas sanar os problemas e remediar os déficits? Se medíssemos o bem-estar de uma pessoa numa escala de -10 (extremamente infeliz) a +10 (feliz da vida), a ques-

> ***Mesmo a vida mais feliz seria inconcebível sem um certo grau de escuridão, e a palavra felicidade perderia todo o sentido se não fosse equilibrada pela tristeza.***[18]
>
> CARL GUSTAV JUNG

tão principal da psicologia positiva seria simplificada da seguinte maneira:

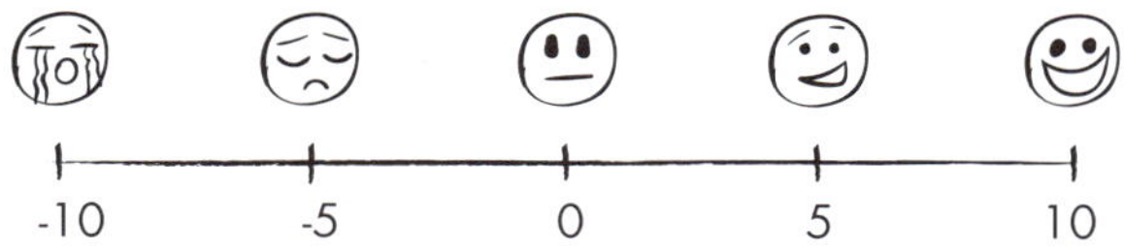

Como podemos aumentar ainda mais o bem-estar de uma pessoa contente de 1 para 4 ou de 5 para 8 em vez de apenas atenuar a infelicidade de -8 para -3 ou de -2 para 0? Como podemos fazer com que uma flor prestes a florescer desabroche em vez de apenas tentar fazer com que uma flor murcha recupere a cor?

A boa vida precisa de uma explicação própria

Antigamente pensava-se que ir de -5 para 0 era sinônimo de alcançar a alegria e a felicidade. Contudo, estudos demonstraram que isso é uma falácia. Faz sentido também de um ponto de vista intuitivo: não estar mais depressivo não significa pular da cama todas as manhãs cheio de entusiasmo pelo dia que está começando. Uma vida mais feliz não surge automaticamente após a cura das doenças. Em outras palavras, um 0 na escala é algo muito diferente de tudo que estiver acima de 0. Por isso precisamos examinar o que é uma vida boa. Não adianta apenas inverter as bases teóricas da psicologia (negativa) tradicional. E é por isso que a psicologia positiva não se debruça sobre pesquisas voltadas para doenças, mas se concentra no bem-estar das pessoas e estuda como aumentar essa sensação a longo prazo.

A felicidade é possível!

A psicologia positiva se orienta pelo conhecimento científico – e a clareza das suas descobertas é impressionante. Para cada teoria, há uma teoria contrária a ela. No entanto, as opiniões contrárias às principais afirmações feitas pela psicologia positiva não têm embasamento científico. Simplificando, a psicologia positiva até agora comprovou o seguinte:

1. A gratidão é fundamental para o bem-estar pessoal.
2. Fatores materiais, como riqueza ou status social, não são decisivos para a felicidade pessoal a longo prazo.
3. As relações interpessoais têm grande importância para o nosso bem-estar.
4. A felicidade é algo que pode ser aprendido, conquistado, não é uma questão de destino ou acaso.

O diário não faz você enxergar a vida em cor-de-rosa

O objetivo deste diário é ajudar você a adotar hábitos que o levarão a se concentrar em tudo que traz felicidade – e a descobrir exatamente que coisas são essas. Mas ele não pretende fazer com que você enxergue a vida em cor-de-rosa, negando ou reprimindo sentimentos negativos. É por isso que, à noite, você vai se perguntar, por exemplo, o que poderia ter feito diferente.

> “*Você não pode esculpir as situações na sua vida, mas pode esculpir uma atitude adequada a elas.*[19]
>
> ZIG ZIGLAR

O lema é: foco nas oportunidades, não nos obstáculos. Uma dose de otimismo para manter a esperança. Uma pitada de pessimismo para impedir a autocomplacência exagerada. E realismo suficiente para saber diferenciar entre o que podemos influenciar e o que está fora do nosso controle.

Sem tristeza não há felicidade

Você conhece alguém que, apesar da situação ou das circunstâncias, parece estar sempre feliz? É provável que a vida interior dessa pessoa seja diferente do que aparenta ser, porque negar emoções negativas por muito tempo leva ao desenvolvimento de sentimentos ainda mais graves e duradouros.[20] Você já tentou empurrar uma bola de polo aquático para baixo da água? É tão eficaz quanto tentar reprimir os sentimentos negativos o tempo todo. É preciso fazer muita força para manter a bola debaixo da água, e não adianta nada, porque a bola voltará à superfície de qualquer maneira. Da mesma forma que a bola sempre encontra o caminho para a superfície, sentimentos devem ser sentidos – afinal, essa é a essência deles.

> “*Coragem é a resistência ao medo, o domínio do medo, não a ausência do medo.*
> MARK TWAIN

A sociedade contemporânea é marcada pelas redes sociais, com postagens do tipo "Sou muito feliz, apaixonado e sexy!", ou "Olha como a minha vida é muito mais legal que a sua!". E uma geração inteira pensa que há algo errado com experiências negativas, como angústia, preocupação, tristeza e culpa. Mas quando aprendemos a deixar os sentimentos desagradáveis de lado e ignorá-los, perdemos a oportunidade de entendê-los e evoluir. Em última análise, sem sentimentos ruins não existiriam os bons. Sem o Yin não existira o Yang; sem o medo não existiria a coragem; sem a escuridão não existiria a luz; sem a morte não existiria a vida; sem o esforço não existiria o descanso; sem a tristeza não existiria a felicidade. Para nos sentirmos felizes, certa dose de sentimentos negativos é essencial – e até saudável!

Quanto mais cedo você aceitar que não é possível se esquivar por completo dos sentimentos negativos, mais cedo deixará de se esquivar da felicidade pessoal. Você não pode aperfeiçoar a felicidade, mas pode maximizá-la. Com o *Diário dos 6 minutos*, você não ficará feliz o tempo todo, mas, utilizando-o de forma correta, será mais feliz que antes e por mais tempo. Você vai se conhecer melhor, se amar mais e estar mais próximo dos seus objetivos.

> “*Não se pode chegar à alvorada sem atravessar a noite.*”
> KHALIL GIBRAN

Hábitos

... o caminho certo para a melhor versão de si mesmo

O ser humano é uma criatura de hábitos. Das decisões diárias, 95% nem sequer chegam à consciência.[21] Elas acontecem no subconsciente e são determinadas pela rotina e pelos automatismos. Em média, 70% dos pensamentos diários são idênticos aos que tivemos no dia anterior, e todos os dias repetimos 40% do nosso comportamento.[22] É por isso que é tão difícil arrancar uma criatura dos hábitos de sua rotina.

> *"Os seres humanos são semelhantes por natureza; são os hábitos que os diferenciam uns dos outros.*
> CONFÚCIO

Imagine o seguinte cenário: estão sorteando um prêmio de 50 mil reais num programa de rádio. Ao longo da semana, a locutora da rádio liga diariamente para um número de sua cidade. Se você atende o telefone dizendo o nome da locutora, os 50 mil são seus. No momento, você tem 45 mil em dívidas, e seria muito fácil pagá-las com o dinheiro do prêmio. A cidade inteira está viciada no jogo e quase todo mundo está falando sobre ele. Por acaso, esta semana você está de folga e conseguiu atender todas as chamadas dizendo "Fulana de tal falando".

Agora são oito da noite de um sábado, e você está con-

> *"Primeiro fazemos os hábitos, depois os hábitos nos fazem.*
> JOHN DRYDEN

centrado na ideia de assistir a seu filme preferido na TV, que vai começar às 22h30. Você está preparando um lanche quando o telefone toca. Seu único pensamento é não perder o começo do filme. Você corre para o telefone e... atende dizendo "Alô"! É claro que era a locutora da rádio do outro lado da linha, e você perdeu. Como isso pôde acontecer? A resposta é simples: a criatura de hábitos que existe dentro de você mostrou quem manda. Apesar dos 50 mil reais que teriam sido de grande ajuda, hábitos e desejos são duas coisas bem diferentes.

Alguns dias não foram suficientes para libertar a criatura de hábitos de sua jaula usual. Para realizar essa façanha, são necessários 66 dias, como explicaremos adiante. Isso também se aplica a outros tipos de comportamentos que você queira mudar. Mas saiba de antemão que não é possível transformar o estilo de vida de um dia para o outro. Nem mesmo o *Diário dos 6 minutos* mostrará resultado da noite para o dia. A mudança só acontece quando se dá um passo de cada vez – é a partir deles que novos hábitos vão surgindo.

A força de vontade como recurso limitado

Sabe aqueles dias turbulentos em que você teve que tomar muitas decisões e chegou em casa cansado? Já parou para pensar que nesses momentos é mais difícil controlar os seus impulsos? É provável que nessas ocasiões você tenha saído da nova dieta, deixado de fazer uma tarefa importante ou se distraído nas redes sociais. Por que esse fenômeno acontece com tanta frequência à noite?

Roy Baumeister e os rabanetes

O experimento do renomado psicólogo social Roy Baumeister lança luz sobre o assunto: os participantes foram instruídos a ficar de jejum antes do experimento e depois permanecer por algum tempo numa sala repleta de doces, biscoitos de chocolate e rabanetes. O grupo 1 foi autorizado a comer sem restrições, enquanto o grupo 2 só podia comer rabanetes. Em seguida, ambos os grupos tinham que resolver um quebra-cabeça geométrico sem solução. O grupo 1 desistiu após vinte minutos, enquanto o grupo 2 já tinha jogado a toalha após oito minutos – uma diferença enorme. Resistir à tentação dos doces e biscoitos de chocolate custou tanta força de vontade aos membros do grupo 2 que não sobrou energia para solucionar o quebra-cabeça geométrico, e isso não se deveu apenas ao fato de alguns participantes estarem mais famintos que outros.

Outros estudos confirmaram que a força de vontade é um recurso limitado.[23] Não a utilizamos somente para resistir às tentações, mas para tomar decisões também. Justamente por essa razão Steve Jobs usava sempre o mesmo suéter de gola alta; Barack Obama, o mesmo terno; Mark Zuckerberg, a mesma camisa; e Karl Lagerfeld, o mesmo traje. Mesmo escolher uma roupa para vestir de manhã, ou lutar com o modo soneca do celular, pode custar uma tremenda força de vontade. Como você vai gastando força de vontade ao longo do dia, é possível que ela esteja esgotada ao final dele. Mas podemos nos prevenir contra esse fenômeno por meio de bons hábitos.

Bons hábitos são valiosos porque, com a ajuda deles, economizamos força de vontade

Depois de fazer exercícios de musculação para fortalecer o bíceps, você mal consegue levantar os braços. Do mesmo modo, a força de vontade não estará no auge de sua capacidade depois que você enfrentar inúmeras decisões e tentações. Após um dia de trabalho extenuante, preferimos, então, recorrer a um pote de sorvete gigante ou uma segunda taça de vinho. Pela mesma razão, a fase de estudo excessivo antes da prova leva ao excesso na noite de comemoração depois da avaliação.

Por que você desejaria ser obrigado a tomar decisões saudáveis o tempo todo? Por que iria querer analisar cada decisão, por menor que fosse? Beber um refrigerante ou um copo d'água? Fazer um treino na academia ou maratonar uma série no streaming? Comer uma salada ou um hambúrguer com cheddar? Não seria mais fácil estabelecer primeiro o hábito de uma alimentação saudável para depois se ver livre de todas essas lutas internas por causa das escolhas a fazer? Isso vale para todas as outras áreas da vida: no começo, exercitar os hábitos que vão guiar você até os seus objetivos vai custar força de vontade. Mas, a partir do momento em que um bom hábito se encontrar enraizado em seu cotidiano, você poderá tirar as mãos do volante da tomada de decisões e o pé do pedal da força de vontade. Agora você vai ficar em paz e deixar que o piloto automático dos hábitos assuma a maior parte do trabalho para você conseguir fazer, sem esforço, tudo aquilo que até pouco tempo atrás minava a sua força de vontade e seu empenho.

> “*A motivação faz você começar de uma vez. Mas é o hábito que faz você continuar.*[24]
>
> JIM ROHN

Com o uso regular do *Diário dos 6 minutos*, uma atitude otimista se torna um hábito. Você não precisa mais desperdiçar sua valiosa força de vontade sempre que tentar encarar os problemas de um ponto de vista mais otimista. Você faz isso de forma automática. Rituais e automatismos consolidados facilitam a vida porque não sobrecarregam a mente. Quanto menos decisões pequenas você tiver que tomar ao longo do dia, mais eficaz será ao tomar decisões importantes e difíceis.

A ciência diz:
66 dias até tornar-se um hábito

A psicóloga Phillippa Lally, da University College London, desenvolveu um experimento para descobrir quanto tempo uma pessoa leva para estabelecer e consolidar novos hábitos. Seu estudo contou com cem participantes de 27 anos em média. Eles deveriam desenvolver uma rotina saudável e segui-la por 84 dias consecutivos. Eles podiam optar entre caminhar 15 minutos todos os dias, comer uma fruta durante o horário de almoço ou fazer cinquenta abdominais todas as manhãs. Na avaliação, foi constatado que a fase compreendida entre a execução consciente de uma atividade e a automatização do hábito, ou seja, a execução de uma atividade sem a necessidade de pensar nela, durou, em média, 66 dias.[25] Esse processo era mais demorado quando as tarefas eram mais complexas e menos demorado quando eram simples. Comer uma fruta no horário de almoço era uma tarefa considerada mais simples, e fazer cinquenta abdominais todas as manhãs era uma mais complexa. Aqueles que excepcionalmente pularam um ou dois dias ainda assim conseguiram alcançar a meta. Com

“

Cuidado com seus pensamentos, porque eles se tornam palavras. Cuidado com suas palavras, porque elas se tornam ações. Cuidado com suas ações, porque elas se tornam hábitos. Cuidado com seus hábitos, porque eles se tornam o seu caráter.

TALMUDE

o *Diário dos 6 minutos,* a casa de sua felicidade ficará pronta, mesmo se você deixar de colocar um tijolo por um ou dois dias. Resumindo:

1. Após 66 dias, em média, um hábito se torna parte da sua vida.
2. Hábitos em construção não funcionam na base do tudo ou nada: um ou outro deslize é perdoado.

O que torna o *Diário dos 6 minutos* especial é que cada uma das seções das rotinas da manhã e da noite levam ao estabelecimento de um novo hábito benéfico. Como o diário acompanha você por quase seis meses, você terá bastante tempo para consolidar esses hábitos. Todas as manhãs e todas as noites você tece novos fios para envolver sua vida numa rede de hábitos positivos.

É possível exercitar a força de vontade da mesma forma que o bíceps

O que acontece durante os 66 dias? No cérebro, o córtex pré-frontal é responsável pelo autocontrole. É ali que reside a força de vontade. Assim como um músculo, ela se cansa depois de um uso intenso. Embora os músculos fiquem fatigados pelo exercício a curto prazo, eles se fortalecem a longo prazo com a regularidade do exercício. Da mesma forma, você pode fortalecer sua força de vontade. Quando a atividade numa determinada área do cérebro aumenta, há um crescimento e uma reconstrução das conexões neurais. A área aumenta fisicamente.[26] O que no treino com halteres é denominado ganho de massa muscular é chamado de neuroplasticidade no sistema nervoso central. Se você comer dois pedacinhos de fruta ou meditar todas as manhãs, depois de 66 dias as vias neurais terão sido reprogramadas por meio da neuroplasticidade. A "instalação" no cérebro terá sido finalizada e, a princípio, não poderá ser revertida com facilidade. Isso também se aplica a uma atitude positiva. Para isso, você pode reconectar seu cérebro de forma análoga.

O efeito dos juros compostos

> "
> *Treine, pelo amor de Deus, com pequenas coisas; e então prossiga para as maiores.*
> EPÍTETO

Certa vez perguntaram a Albert Einstein: "Qual é a maior força no universo?" Sua resposta espontânea foi: "Os juros compostos." Quando perguntaram a Warren Buffett – o investidor mais bem-sucedido de todos os tempos – qual fator levou ao seu sucesso, ele deu a mesma resposta que Einstein. Ambos, notoriamente inteligentes, não poderiam estar de todo errados: se você melhora 1% todos os dias, ganha um total de 3.800% por ano por meio da acumulação diária. Se começar a investir 10 mil a uma taxa de juros de 5% ao ano, terá 10.500 depois de um ano, e quase 27 mil depois de vinte anos. Todos nós conhecemos o efeito dos juros com-

> "
> *Os juros compostos são a oitava maravilha do mundo.*[27]
> ALBERT EINSTEIN

postos e seu significado para a caderneta de poupança. Também podemos nos beneficiar desse efeito sem precisar investir dinheiro, pois efeitos parecidos de crescimento surgem quando se trata de hábitos humanos. Os juros correspondem aos pequenos passos que damos todos os dias. Os resultados desses pequenos passos crescem exponencialmente com o tempo. O que nos torna felizes e bem-sucedidos não são as poucas decisões gigantes que tomamos, mas as muitas pequenas.

Um exemplo prático: ler a respeito do tema "desenvolvimento pessoal" por dez minutos todos os dias não fará muita diferença a curto prazo. Mas, depois de um mês, levará a uma primeira compreensão mais aprofundada. Como resultado, talvez você queira aproveitar tudo da melhor maneira e integrar mais gratidão à sua vida, por exemplo. No segundo mês, durante os dez minutos de dedicação diária, talvez você se depare com o *Diário dos 6 minutos* numa loja. Você decide comprá-lo e acredita que os minutos diários dedicados ao tema "desenvolvimento pessoal" serão bem investidos dali para a frente – você até mesmo economiza quatro minutos. Três meses depois, mais apreciação e mais gratidão já são uma parte consolidada da sua vida e, com o tempo, você passa a ter relacionamentos melhores e mais alegria de viver. E ainda encara o dia de modo mais otimista. Você dormirá melhor, lidará melhor com as dificuldades, alcançará mais objetivos e viverá uma vida mais longa e mais realizada. No começo, os efeitos são pequenos, mas, com o tempo, se tornam colossais.

Um bom hábito se transforma em vários

Mais uma comparação entre juros compostos e hábitos: a partir de um bom hábito, rapidamente outros surgirão. Uma vez estabelecido, o bom hábito age como um solo fértil a partir do qual outros crescem automaticamente. O funcionamento é semelhante ao dos juros compostos no banco: uma vez investido, o dinheiro trabalha sozinho.

Usando a mesma analogia, pode-se dizer que diferentes hábitos têm juros diferentes. Sendo assim, alguns representam um melhor investimento de energia, disciplina e força de vontade que outros. Tais hábitos de alto rendimento são chamados "hábitos-chave".[28] Exemplos imbatíveis são a prática de esportes, a meditação, a leitura e a escrita. Uma vez que começam a fazer parte da vida, os hábitos-chave funcionam com uma dinâmica própria: se estendem para outras áreas e, assim, facilitam a criação de outros hábitos desejáveis. Por que você iria querer construir muitos hábitos quando alguns poucos já podem levar você a alcançar seus objetivos? Com o *Diário dos 6 minutos,* você pode introduzir hábitos benéficos com o mínimo esforço inicial. Por exemplo, a gratidão, o otimismo na medida certa, o cuidado e a evolução por meio da reflexão diária. Em outras palavras, você estabelece um hábito-chave elementar que, com o tempo, leva a outros, sem esforço.

Estudos realizados por Roy Baumeister confirmam essa teoria. Em um de seus experimentos, ele tentou fazer os par-

> "
>
> ***O melhor investimento é em você mesmo. É o investimento com o maior retorno.***[29]
>
> WARREN BUFFETT

ticipantes desenvolverem um estilo de vida mais saudável. Em vez de explicar a eles em detalhes como poderiam viver de forma mais saudável, deixou que comparassem os respectivos pesos durante dois meses. A partir de um hábito positivo, outros se desenvolveram automaticamente: os participantes comiam melhor, reduziram o consumo de álcool, passaram a estudar mais na universidade e até ajudavam na arrumação da casa. Essas afirmações soam familiares? Quando foi a última vez que você transformou algo positivo em hábito? Outros hábitos bons não vieram à tona?

A ideia essencial

Deixe que os hábitos guiem você até os seus objetivos e utilize o *Diário dos 6 minutos* todos os dias. Não existe um elevador em direção ao sucesso pessoal. É preciso subir a escada.

Autorreflexão

... em que ponto você está e o que o deixa feliz

O que as rotinas da manhã e da noite do *Diário dos 6 minutos* têm em comum? Quando usadas corretamente, elas aumentam a sua alegria de viver, um passo de cada vez. Para isso, todos os componentes da rotina diária estimulam valiosos processos de reflexão.

O que é um processo de reflexão?

A reflexão é uma atividade que conecta ações passadas, presentes e futuras no pensamento. Aqui, não é o conteúdo dos pensamentos, mas o processo que faz toda a diferença (tenha isso em mente, principalmente quando chegar a hora das cinco perguntas da semana). Nesse processo, você avalia as suas ações com base nas experiências passadas ou nas metas estabelecidas. Dessa avaliação, resultam opções e decisões sobre como você quer proceder.[30] Imagine se você pudesse usar um elevador para descer até o seu subconsciente e olhar ao redor do centro de controle com toda a calma. Lá você poderia observar todos os mecanismos e padrões que determinam seu comportamento, seus pensamentos e sentimentos, sua percepção e suas decisões. Observando tudo isso, você poderia criar a base ideal a partir da qual passaria a tomar suas decisões em relação a qualquer mudança comportamental que queira fazer.

E o que diz a ciência?

A ciência diz que as pessoas com autorreflexão de qualidade têm vantagem em praticamente todas as áreas da vida. Planejam melhor, são mais disciplinadas e mais focadas, conseguem lidar melhor com os próprios sentimentos, tomam decisões ponderadas e são capazes de antecipar os problemas.[31]

A autorreflexão como pré-requisito para o desenvolvimento pessoal

Como você quer se aprimorar e aumentar sua alegria de viver se não consegue compreender bem a si mesmo? Quanto mais você se conhecer, quanto mais transparente for o diálogo interior que mantiver consigo mesmo, mais bem pavimentado estará o caminho para o desenvolvimento pessoal. Para não ficar refém da própria perspectiva e acabar insistindo em antigos padrões de pensamento, é muito útil observar seu comportamento de fora.

Quem quer ser feliz a longo prazo deve estar sempre em transformação. Muitas vezes, nossos sentimentos funcionam como uma camisa de força, combatendo qualquer espécie de mudança. Eles nos guiam numa determinada direção sem que percebamos. Aqui, a autorreflexão consciente pode ser o ponto de partida para a mudança. Ela

> “
>
> ***Não se pode ensinar nada a um homem; só é possível ajudá-lo a encontrar o que está dentro dele.***
>
> GALILEU GALILEI

permite que você desenvolva a habilidade de isolar os sentimentos e não se identificar com eles. Com a autorreflexão você pode se distanciar do círculo vicioso de seus pensamentos e sentimentos. Quanto mais se dedicar a essa tarefa e refletir sobre si mesmo, mais fácil será conseguir o que quer. Sobretudo a rotina diária da noite, as perguntas da semana e a releitura do que você escreveu nos últimos dias ou semanas vão ajudar você nesse ponto.

Minutos valiosos para perguntas ainda mais valiosas

As coisas só se tornam claras quando você pode refletir em paz sobre elas, longe da agitação do dia a dia, certo? Na correria diária, você se vê em meio a um bombardeio de impressões, de modo que é quase impossível responder a perguntas mais difíceis de forma razoável. Em tais situações, não é fácil distinguir entre o que é uma reação provocada pelo seu entorno ou um de seus pensamentos. Pelo que você é grato? O que faz você feliz? Como você pode trazer mais gratidão e felicidade à sua vida? Se você não dedicar um tempo a si mesmo, essas perguntas poderão ficar sem resposta. É por isso que recomendamos que use o diário assim que acordar e antes de dormir. Nessas horas, você está sossegado e livre de influências externas.

VISA – Sem reflexão não há sucesso

Se alguém, em algum lugar no mundo, pegar um cartão de crédito, na maioria das vezes estará segurando um cartão VISA. Todo mundo conhece a VISA, mas poucas pessoas conhecem Dee Ward Hock, que fundou a empresa em 1968 e foi o CEO por décadas. Ele é considerado um pioneiro no mundo dos negócios e, após se dedicar por muitos anos a todas as questões que envolvem a gestão, está convencido – há mais de cinquenta anos – de que a autorreflexão é o segredo para o sucesso. Segundo Hock, todo indivíduo deve dedicar metade de seu tempo à autogestão, para entender e acompanhar melhor os próprios objetivos, motivos e valores, assim como o próprio comportamento.

Autorreflexão como um processo contínuo

É raro acordar e, de repente, perceber mudanças fundamentais em nós mesmos. Como a areia da praia, que, pouco a pouco, adquire novas formas e novos contornos, nossa identidade também está sujeita a mudanças lentas e progressivas. Portanto, para as questões importantes, não existem respostas que sejam válidas para sempre. Ninguém se preocupa, por exemplo, com uma boa aposentadoria quando é jovem, mas a segurança financeira pode proporcionar uma enorme satisfação dez ou 15 anos depois. Com 18 anos, as coisas que fazem você feliz são diferentes das que farão daqui a dez anos. Pelo mesmo motivo, só percebemos as mudanças radicais meses, anos e até mesmo décadas depois que elas aconteceram. Portanto, quanto mais

“

É um grande erro pensar que uma pessoa é sempre a mesma. Uma pessoa nunca é a mesma por muito tempo. Está sempre mudando. Ela não é a mesma nem por meia hora.

GEORGE I. GURDJIEFF

você estiver acompanhando e compreendendo a constante transformação que ocorre dentro de você, melhor será a sua base para tomar decisões. Uma autorreflexão bem fundamentada não acontece da noite para o dia e de uma só vez. É um processo contínuo, uma conversa prolongada consigo mesmo e, como em qualquer diálogo, as diferenças qualitativas podem ser consideráveis. Responder superficialmente às perguntas "O que faz você feliz?" e "Pelo que você é mais grato?" não terá um efeito duradouro. Com o *Diário dos 6 minutos*, você mergulha dentro de si e todos os dias pratica uma autorreflexão do mais alto nível.

Mas eu já sei o que quero...

É bem provável que você ache que já sabe o que é bom: comer bem, ter mais dinheiro, ser independente, ter uma família legal, (mais) sexo, poder, diversão, sair de férias e coisas do gênero. De modo geral, você sabe mesmo o que quer. Mas o que você quer de forma específica? Quais atividades conduzem você à felicidade pessoal? Quais são as pequenas boas ações que você precisa realizar todos os dias para que a vida se torne mais plena? Com o *Diário dos 6 minutos*, você consegue identificar exatamente que ações são essas. *Pequenas ações realizadas são melhores que grandes ações planejadas*. Por meio da escrita, o subconsciente grava as ações e as leva aonde quer que você esteja (veja SARA, na página 78). Quanto mais fizer isso, mais evidente ficará que as ações se tornam parte integrante de sua rotina e de quem você é.

Saber o que se quer é cada vez mais importante...

Profissões antigas estão desaparecendo e novas estão surgindo. O conhecimento antigo está perdendo valor e novas habilidades estão entrando em cena. Graças à internet, todos têm acesso ao conhecimento e, por isso, um processo de aprendizado vitalício é mais importante do que nunca. Ontem, quem permanecia fiel ao patrão por uma vida inteira era valorizado; hoje, ter um trabalho para a vida toda é algo muito raro. Antigamente permanecia-se num só lugar; hoje ter flexibilidade é quase uma obrigação. A maioria dos nossos pais, depois de se formar, abraçou uma profissão e permanece nela até se aposentar. Atualmente, as pessoas entre 18 e 30 anos trocam seus planos de carreira com mais frequência do que trocam de roupa. Mudar de curso, de carreira e de empresa já é um procedimento padrão. O grande número de possibilidades dificulta cada vez mais a escolha de um caminho único a seguir. Isso também se aplica a todas as outras decisões da vida. Existem inúmeros livros sobre um mesmo tema, inúmeros produtos com o mesmo conteúdo, inúmeros prestadores para um mesmo serviço. Existem cada vez mais possibilidades, ao passo que existe cada vez menos tempo. De tanta árvore, já não é mais possível enxergar a floresta.

Em razão da variedade quase infinita de possibilidades e caminhos a percorrer, é ainda mais importante que você descubra o que o faz feliz. Durante décadas de pesquisa, o psicólogo de Harvard Dan Gilbert constatou que a nossa opinião sobre o que nos fazia felizes no passado é imprecisa. Quando lembramos aquilo que nos dava prazer, tendemos a acrescentar e omitir detalhes importantes, sem, no entanto, estar cientes desse fato.[32] Falsificamos as lembranças para conservar uma imagem positiva do presente ou do futuro, ou então simplesmente porque não nos lembramos muito bem. Ou seja, nossa memória falha distorce o que imaginamos que nos faz felizes. Com o *Diário dos 6 minutos* você não cai com tanta facilidade na mesma armadilha, afinal existe maneira melhor de lembrar do que escrevendo? Pelo que você é grato e quais acontecimentos tornaram seu dia melhor? Respondendo a essas perguntas todos os dias, você põe para funcionar os processos mentais certos, ampliando assim sua felicidade. O *Diário dos 6 minutos* abre a porta para você descobrir quais aspectos da sua vida tornam você feliz. Passar por essa porta é com você.

"

A melhor forma de prever o futuro é criá-lo.

WILLY BRANDT

A rotina da manhã

... e por que ela é perfeita para você começar seu dia

O modo como começamos a manhã pode definir como será nosso dia. A rotina matinal do *Diário dos 6 minutos* tem o objetivo de, logo cedo, lhe dar uma descarga de dopamina para acordar você. Dessa forma, você utiliza os primeiros momentos do dia para carregar a bateria com energia positiva e começá-lo de forma produtiva. É como fazer pontaria com arco e flecha: você mira no dia que está iniciando, estica o arco e passa o tempo todo preparado para atacar seus objetivos. Não importa a que horas acorde, a rotina matinal é a mais crucial de todas. Encontrar uma pessoa bem-sucedida que não tenha uma rotina matinal é como encontrar uma agulha num palheiro. Mas você nunca foi muito fã de acordar cedo, não é verdade? Ou será que não tem alguns minutos antes de sair de casa? Então leia a seguir a respeito das rotinas semanais de pessoas que, em geral, são muito mais ocupadas que o restante de nós, meros mortais.

> "
> ***A primeira hora da manhã influencia o restante do dia.***
>
> SANTO AGOSTINHO

Barack Obama: O ex-presidente dos Estados Unidos inicia a rotina matinal duas horas antes de seu primeiro compromisso do dia e, até lá, não permite que nenhuma in-

> "
> ***Ninguém está tão ocupado que não tenha tempo para dizer a todos como está ocupado.***[33]
>
> ROBERT LEMBKE

fluência da mídia ou notícia chegue até ele. Seis vezes por semana ele faz treino cardiovascular e com pesos e, depois do exercício, toma café da manhã na companhia da família. Sobre suas manhãs, ele disse: "O restante do meu dia é muito mais produtivo se eu seguir minha rotina matinal."

Arianna Huffington: A fundadora do *The Huffington Post* é chamada de "rainha dos blogueiros" por causa de sua grande influência. Seu dia começa com exercícios de respiração, 30 minutos de meditação e a anotação de três coisas pelas quais se sente grata. Em seguida, enquanto toma café da manhã, ela define as metas do dia. A influência positiva da meditação em sua vida é evidente a tal ponto que ela oferece aos colegas cursos gratuitos e semanais dessa prática. Durante a rotina matinal, ela evita ao máximo olhar o celular.

Jack Dorsey: Criador e cofundador do Twitter e da empresa de serviços financeiros Square, ele trabalha 16 horas por dia, oito delas na Square e oito no Twitter, duas empresas bilionárias das quais é o CEO. Dorsey acorda às 5h30, medita por meia hora para depois correr 10 quilômetros ou treinar por 30 minutos.

A lista de quem tem uma rotina matinal importante é longa: Bill Gates, Maya Angelou, Richard Branson, Oprah Winfrey, Woody Allen, Cameron Diaz, Stephen King, Michelle Obama, Tim Ferriss, Hillary Clinton, Sylvester Stallone, Heidi Klum. Não se trata apenas de um fenômeno do século XXI: Marco Aurélio, Benjamin Franklin, Ludwig van Beethoven, Johann Wolfgang von Goethe, Vincent van Gogh, Sigmund Freud, Ernest Hemingway, Franz Kafka, Agatha Christie, Charles Darwin, Mark Twain, Immanuel Kant e muitos outros já conheciam a importância de uma rotina matinal. Você ainda acha que não consegue investir três minutos em seu próprio bem-estar pela manhã?

Separe um tempo para você pela manhã

No avião, em momentos de grande turbulência ou de risco iminente, a orientação é colocar a máscara de oxigênio em nós mesmos para depois ajudar quem está ao nosso lado. Há uma boa razão para essa instrução de segurança: se não conseguirmos respirar, não seremos capazes de ajudar ninguém. No cotidiano, algo parecido acontece: assim que você sai de casa, sua energia passa a estar a serviço dos outros. Por isso faz muito sentido que, antes que isso de fato aconteça, você cuide das próprias necessidades. Assim, você carrega 100% da bateria para enfrentar o dia em vez de começar a esgotá-la logo pela manhã. Então, da próxima vez que estiver "cansado demais", escreva no diário mesmo assim. Caso acorde muito tarde, escreva no diário mesmo assim.

Você age ou reage?

A pessoa proativa diz: "Eu quero", "Vou arrumar tempo", ou "Vou perguntar a alguém para entender como funciona". Em contrapartida, uma pessoa reativa diz: "Eu tenho que", "Não tenho tempo", ou "Não consigo fazer". Começar o dia de forma proativa significa ter autodeterminação e criatividade.

A maior parte das pessoas começa o dia de forma reativa. Dos proprietários de telefones celulares, 78% olham

> "
>
> *Seu primeiro dever é fazer a si mesmo feliz. Somente quando você é feliz pode fazer outras pessoas felizes.*
>
> LUDWIG ANDREAS FEUERBACH

o aparelho nos primeiros 15 minutos depois de acordar.[34] Em geral, eles dão uma conferida nas redes sociais ou na caixa de e-mail. Para impedir que a vida alheia turve seus pensamentos logo cedo, é bom evitar esse tipo de atividade reativa. Coloque o foco em você mesmo para depois se concentrar em tudo o mais ao longo do dia.

Por mais ocupadas que estejam, as pessoas bem-sucedidas não começam o dia com atividades reativas. Não respondem a e-mails em primeiro lugar, não olham o celular para responder às mensagens. Elas dão início ao dia de forma proativa. Abrir o *Diário dos 6 minutos* como primeiro ato oficial do dia fará você entrar para o território dos proativos de primeira classe. As sementes plantadas por você e para você poderão ser colhidas no mesmo dia.

Mulheres no Japão

As japonesas têm a maior expectativa de vida do mundo: 87 anos.[35] Sendo otimistas, partimos do pressuposto de que você também chegará com facilidade aos 87 anos. De acordo com essa teoria, sua vida adulta (dos 18 aos 87 anos) abrange 25 mil dias e uns quebrados. Já pensou em acordar 25 mil vezes? Quantas manhãs já se passaram? Que efeito enorme uma rotina matinal teria em sua vida! Use a imaginação por um instante para visualizá-lo.

O *Diário dos 6 minutos* é um importante pilar para a sua rotina matinal. Abra-o e garanta que vai levantar com o pé direito dia após dia. Acorde, assuma o leme e gire-o na direção de um dia bem-sucedido.

1 Sou grato por...

A enorme importância da gratidão é uma das poucas questões em relação às quais cientistas, ateus e pessoas de todas as religiões estão de acordo.

Quem é grato consegue desfrutar melhor seus sentimentos positivos e experimenta menos sentimentos negativos, como raiva, culpa, tristeza, medo, inveja e preocupação, a longo prazo. Quem é grato tem uma autoestima elevada e lida melhor com a pressão e o estresse. Quem é grato dorme melhor.[36] Quem é grato está sempre inclinado a ajudar, fortalecendo assim seus vínculos sociais. Quem é grato tem mais facilidade em estabelecer e manter relações pessoais.

O interessante é que você não precisa expressar a gratidão de forma explícita para as pessoas ao seu redor a fim de desfrutar de todos esses benefícios. Estudos indicam que ao escrever sobre aquilo pelo que você é grato já é possível sentir os efeitos sobre o bem-estar. Você só precisa de um pouco de esforço e prática para fazer disso um hábito. Uma vez estabelecido, um ciclo positivo tem início e, pouco a pouco, você integrará à sua vida os benefícios da valorização consciente quase que de forma automática. Use o livro para praticar a gratidão diária.

“

A gratidão não é apenas a maior de todas as virtudes, mas também a mãe de todas elas.

MARCO TÚLIO CÍCERO

Oprah Winfrey fala sobre seu diário da gratidão

Oprah apresentava o programa de TV com a maior audiência da história da televisão americana. CEO da *Harpo Productions,* ela é uma das mulheres mais populares do mundo. Desde 1996, assim que acorda, ela anota cinco coisas pelas quais se sente grata. Sobre a decisão de manter um diário da gratidão, ela disse em 2012: "Foi o passo mais importante que dei em toda a minha vida!" E sobre o significado da gratidão, ela disse: "Não importa o que esteja acontecendo na sua vida. Se você se concentrar naquilo que tem, no fim das contas terá mais do que antes. Se você se concentrar no que você não tem, você jamais terá o bastante."[37]

Mais evidências de que o uso do *Diário dos 6 minutos* torna você mais feliz

Martin Seligman é o pai da psicologia positiva, e sua pesquisa sobre a maximização da felicidade pessoal é reconhecida nos círculos especializados há décadas. Num de seus estudos mais conhecidos, quase 600 pessoas foram postas à prova e, durante uma semana, tiveram que adotar cinco medidas diferentes em prol da maximização da felicidade. As duas únicas medidas que obtiveram sucesso foram:[38]

1. Anotar as coisas boas que aconteceram durante aquele dia – o equivalente ao que você vai fazer todos os dias como rotina da noite.

2. Expressar gratidão na forma de uma carta de agradecimento – o que, de certa forma, corresponde à primeira parte da rotina da manhã.

Agora chegamos ao cerne da questão: diversos testes de acompanhamento, realizados um, três e seis meses depois, mostraram que os participantes estavam cada vez mais felizes que no teste anterior. Ou seja, uma semana de exercício diário foi suficiente para que todos os participantes do estudo ainda se sentissem felizes de forma mensurável seis meses depois. Se após uma semana o efeito prolongado já foi tão significativo, imagine o grau de influência que o uso diário teria sobre o bem-estar por um espaço de tempo maior. Se pudéssemos comprar a gratidão na forma de pílulas, estaríamos falando do remédio mais vendido de todos os tempos. Até essa pílula ser desenvolvida, o *Diário dos 6 minutos* já é um bom começo.

> “*Não são as pessoas felizes que são gratas. São as pessoas gratas que são felizes.*
> FRANCIS BACON

A gratidão direciona o foco para o lado bom da vida

Integrar a gratidão à vida e adotar uma atitude otimista andam de mãos dadas. Quantas vezes você pensa nas coisas boas que existem em seu cotidiano, nas dádivas que cada dia tem a oferecer? Quantas vezes pensa nas pequenas coisas belas da vida? E quantas vezes se irrita com situações que não passam de ninharia sem importância?

Na sociedade atual, marcada pelo ritmo

> “*Falhei muitas e muitas vezes na vida, e é por isso que obtive sucesso.*[39]
> MICHAEL JORDAN

acelerado e pela exigência de alto desempenho, quase nunca sobra tempo para a gratidão e a valorização. Longas filas de espera, postagens em redes sociais, notícias sobre violência e catástrofes naturais, o trânsito, estresse na família, na escola, na faculdade ou no trabalho – tudo isso pressiona cada um de nós a dar mais ênfase ao lado negativo que ao positivo. Se você não direcionar a sua atenção de forma consciente para a positividade, tudo que for negativo cairá de paraquedas em seu campo de percepção.

Mas se, ao contrário, você se concentrar na gratidão, dirigirá a percepção para as coisas que fazem você feliz e lhe trazem alegria. Para ser grato, você não precisa se contentar com o status quo nem diminuir suas expectativas. O fato de elas não serem sempre atendidas não precisa interferir na sua alegria de viver. Ao contrário, saber apreciar a experiência associada a um momento ruim é um alicerce fundamental para o seu bem-estar. Entender que todo fracasso é temporário e que ele abre portas para novas oportunidades é parte intrínseca da gratidão.

Não há progresso sem falhas, e ele é o responsável pelo seu impulso em direção à felicidade. Por essa razão é tão essencial admitir os fracassos inevitáveis na vida de qualquer um de nós.[40] Dale Carnegie, um dos autores mais bem-sucedidos de todos os tempos, descreveu, em 1948, a diferença fundamental entre o pensamento positivo e o negativo: "O pensamento positivo lida com causas e efeitos e leva a um planejamento lógico e construtivo. Já o

"

Em cada grande sentimento de alegria existe um sentimento de gratidão.

MARIE VON EBNER-ESCHENBACH

pensamento negativo, com o tempo, leva à tensão e a colapsos nervosos." Com um olhar de positividade sobre a vida, você cria uma base sólida para seguir evoluindo em seu desenvolvimento pessoal. As pessoas cujo otimismo é saudável vivem, em média, 20% mais, são mais bem-sucedidas profissionalmente, têm uma saúde melhor e relacionamentos mais felizes.[41] Quem sabe aplicar o conceito de gratidão direciona o foco para o lado positivo e, portanto, está um passo à frente da maioria das pessoas. Gratidão não é algo antiquado, mas ultramoderno.

Tony Robbins sobre sua "via expressa para a felicidade"

O mais bem-sucedido coach de performance e comportamento prestou consultoria a Bill Clinton, Serena Williams e Andre Agassi, entre outras personalidades do mundo da política e do esporte. Até hoje, vende milhões de livros e seus seminários estão sempre esgotados. Há anos, todas as manhãs, ele dedica três minutos e meio a escrever e sentir três coisas pelas quais é grato. Ele explica seu apreço pela gratidão: "A raiva e o medo são os dois sentimentos que mais estragam tudo na vida. Você não pode estar preocupado ou com raiva e sentir-se grato ao mesmo tempo. A gratidão é excepcional, já que é mais forte que todos os sentimentos negativos. É por isso que chamo essa parte da minha rotina matinal de 'via expressa para a felicidade'."[42]

“

A felicidade é o único bem que se multiplica ao ser dividido.[43]

ALBERT SCHWEITZER

Você transmite a gratidão a outras pessoas – e elas devolvem esse sentimento a você

O psicólogo americano Bernard Weiner definiu a gratidão como um processo cognitivo com dois estágios. A percepção de um acontecimento positivo é seguida do entendimento de que uma fonte exterior (Deus, a natureza ou uma pessoa) é responsável por esse acontecimento. Portanto, a gratidão está sempre voltada para fora. Às vezes, esse sentimento que você registra no *Diário dos 6 minutos* é dirigido a outra pessoa. Nesse ponto, começa a espiral mágica: pelo fato de você interiorizar a gratidão ao escrever sobre ela, seu comportamento em relação a essa pessoa mudará. Ainda que não tome uma decisão consciente, você será e parecerá mais simpático e gentil. Como consequência, amigos e colegas serão mais receptivos a você, e essa mudança de atitude deixará você mais feliz. Refletir diariamente sobre as pequenas boas ações que você fez por outras pessoas (rotina da noite) provocará uma espiral ascendente similar. Portanto, ao escrever no *Diário dos 6 minutos*, você desencadeará um maravilhoso ciclo de positividade e, dessa forma, fortalecerá suas relações pessoais.

“

A felicidade é um perfume que não podemos borrifar sobre os outros sem que caiam algumas gotas sobre nós mesmos.

RALPH WALDO EMERSON

A gratidão como uma cola para os bons relacionamentos

Philip C. Watkins, professor do departamento de psicologia da Eastern Washington University, escreveu um livro cujo título é *Gratitude and the Good Life* (em tradução literal, "Gratidão e a boa vida"). Ao compilar numerosos estudos e análises, Watkins chegou à conclusão de que a gratidão é um dos componentes mais essenciais de uma vida feliz. A respeito da importância da gratidão para os relacionamentos pessoais e para o meio social, ele apontou que:[44]

1. A gratidão torna você alguém mais admirável e mais agradável de se ter por perto.
2. A gratidão é uma ferramenta excelente e única para estabelecer e manter relacionamentos.
3. A gratidão promove um comportamento pró-social que beneficia você e o ambiente ao seu redor.

> "*A maior riqueza de um homem é a riqueza de suas relações.*
> KARL MARX

O que é um comportamento pró-social? Em geral, é todo comportamento, voluntário ou intencional, que visa o benefício alheio. Formas do comportamento pró-social são, por exemplo, ajudar, cooperar, dividir, apoiar, elogiar e também demonstrar gentileza e compaixão ou empatia por outras pessoas. Então, durante a rotina da noite, ao se questionar sobre o bem que fez a alguém, você estará refletindo sobre seu comportamento pró-social.

As pessoas são seres sociais por natureza. Portanto, não é de admirar que relações sociais sejam decisivas para o bem-estar pessoal. Martin Seligman e Edward Diener, ambos estudiosos da psicologia positiva, realizaram diversos estudos para descobrir o que diferencia os 10% de pessoas mais felizes dos outros 90%. A característica que mais saltou aos olhos foram as relações estreitas que essas pessoas mantinham com familiares e amigos, com os quais passavam bastante tempo. Assim, ficou demonstrado que o fator crucial para a felicidade delas eram a qualidade e a profundidade dessas relações interpessoais.[45] A gratidão é comprovadamente uma das melhores ferramentas para estabelecer tais relações e manter vínculos estreitos a longo prazo.

2 Deixarei meu dia ótimo assim

Uma pequena anedota

Um homem encontra três trabalhadores em um canteiro de obras.

Ele pergunta ao primeiro:

– O que está fazendo?

– Estou colocando tijolos.

Ele pergunta ao segundo:

– O que está fazendo?

– Estou construindo uma parede.

Então ele se aproxima do terceiro e faz a mesma pergunta. O operário olha para ele, sorrindo, e diz:

– Estou construindo uma catedral.

Qual o sentido oculto por trás dessa pequena anedota? Se você quer ser uma pessoa de ação, precisa ter três coisas em mente. Em primeiro lugar, visualize o propósito maior, "a catedral", para poder adotar a atitude correta em relação aos seus objetivos. Em segundo lugar, decida quais paredes quer erguer – ou seja, defina suas metas e seus desejos em menor escala. E, por último, coloque os tijolos necessários para erguer a parede. Aqui, você fará justamente esse trabalho. Vai se concentrar nas paredes e anotar quais tijolos precisa pôr – ou seja, quais pequenas ações precisa realizar para alcançar suas metas em menor escala.

Da anedota ao diário

Tudo isso faz sentido. Mas como aplicar essas ações no *Diário dos 6 minutos*? Para tornar a tarefa mais fácil, você pode utilizar as seguintes estruturas:

Eu quero me sentir __________, por isso vou _________ (pequena ação).

1. Eu quero me sentir autoconfiante, por isso vou me sentar com a coluna ereta na reunião de amanhã.
2. Eu quero me sentir atraente e equilibrado, por isso vou à academia hoje.
3. Eu quero me sentir conectado, por isso vou escrever ao Daniel dizendo como sou grato a ele.

Você também pode inverter a estrutura:

Eu vou _________ (pequena ação) porque quero me sentir __________.

1. Hoje vou trabalhar durante meia hora no meu projeto porque quero me sentir produtivo e autossuficiente.
2. Hoje eu vou comer três porções de fruta porque quero me sentir saudável.
3. Hoje eu vou àquela festa porque quero me sentir alegre e integrado.

Por meio do "porque...", você sempre mantém em mente o que o motivou a alcançar seus objetivos. Anota quais tijolos precisa usar para erguer determinada parede. As ações não precisam ser extraordinárias. O importante é mantê-las relativamente simples, de modo que você consiga realizá-las. Se você se encarregar delas por tempo suficiente, num piscar de olhos estará parado em frente à sua "catedral".

Como desafiar o acaso

> "*O acaso favorece a mente preparada.*"
> LOUIS PASTEUR

É impossível controlar ou planejar determinados fatos, como um dia ensolarado, acertar na Mega-Sena, ter Wi-Fi rápido à disposição ou condições ideais de trânsito. Ainda que o brilho do sol deixasse o dia maravilhoso hoje, você não seria capaz de evocá-lo num passe de mágica. É por isso que, nessa parte do diário, vamos nos concentrar nas ações que estão dentro de sua zona de influência. Alguns outros fatores – como uma boa amizade ou encontrar sua alma gêmea –, igualmente difíceis de controlar ou planejar, são menos impossíveis do que acertar o clima ou o jogo da loteria. Você pode se concentrar em todos os dias fazer pequenas ações com as quais aumenta as chances de que algo maravilhoso aconteça "por acaso". Por esse caminho, você põe em movimento um ciclo de acontecimentos bons. É assim que pode funcionar:

1. Concentre-se em sorrir mais – mais pessoas ao seu redor sorrirão de volta, mais pessoas serão calorosas e amigáveis com você e mais amizades surgirão "por acaso". Isso não significa que você tenha que passar o dia inteiro sorrindo. Experimente sorrir para o atendente quando for comprar o cafezinho de manhã.
2. Concentre-se em sua postura corporal: você se torna mais atraente porque ter uma boa postura é visto como algo sexy[46] – mais possibilidades de ter um encontro surgirão "por acaso".

Desafiar o acaso é possível. É claro que um processo como esse não acontece de forma tão linear. Mas o que vale a longo prazo é que quanto mais você faz pequenas ações visando um objetivo, maior é a probabilidade de que coisas boas aconteçam "por acaso". O efeito dessa reação em cadeia tem como base o efeito dos juros compostos sobre o qual já falamos anteriormente (veja na página 50). Sucesso atrai sucesso. Pequenas vitórias se multiplicam de forma quase automática e crescem exponencialmente.

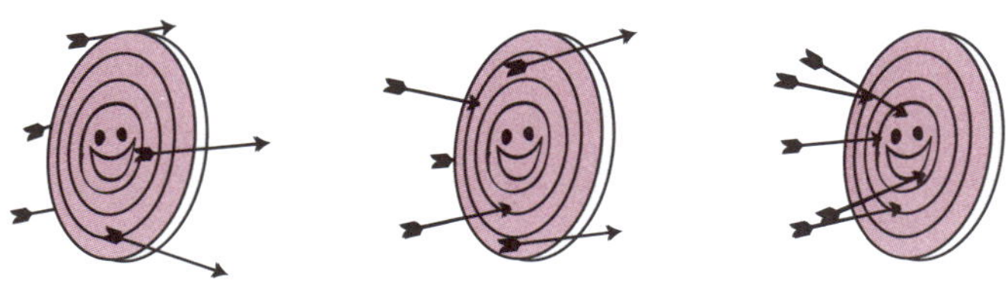

No começo | Depois de pouco tempo | Depois de muito tempo

Uma receita bem simples: depois que você começar a cozinhar, a comida vai ficar gostosa de qualquer jeito

O cérebro processa mais de 400 milhões de bits de informação por segundo, dos quais apenas 2 mil chegam à consciência.[47] Sendo assim, 99,9995% de todas as informações passam despercebidas. A parte do cérebro que seleciona esses 2 mil bits é o sistema de ativação reticular ascendente (SARA).[48] Ao se perguntar pela manhã o que deixaria o dia maravilhoso, você utiliza o SARA a seu favor e já está com um pé em cima da linha de largada para ter um grande dia. Digamos que, em resposta à pergunta, você escrevesse algo como: "Uma alimentação saudável rica em frutas e legumes." A expectativa e a visualização do que pretende fazer são processadas pelo SARA, o filtro da sua realidade. O fato de o SARA funcionar como um radar de busca faz com que sua percepção se concentre em todas as oportunidades associadas ao seu propósito. Ele está configurado para mirar em todos os alvos que se encontram dentro de seu raio de busca. Nesse caso, o radar estará direcionado para refeições saudáveis, frutas e legumes.

Isso não é mágico? Pois experimente! Qual foi a última coisa que você comprou? Um par de sapatos? Desde então você vem percebendo que outras pessoas estão usando os mesmos sapatos ou sapatos parecidos? Você ou alguém que conhece compra um carro de determinada marca, e agora você sempre repara nesse modelo? No momento, você está decorando a sua casa e percebe alguns detalhes na casa de outras pessoas que nunca havia notado antes? Você está grávida e agora vê mulheres grávidas por toda parte? Desde que você começou a praticar esporte, todas as pessoas ao seu redor parecem fazer algum tipo de atividade física? Talvez um exemplo ainda mais óbvio: você está numa festa e não escuta nada além do burburinho geral das vozes. Mas, se alguém por acaso menciona seu nome numa dessas conversas, você escuta de imediato e se vira. O SARA é responsável por esse recorte exato de sua percepção. Com a rotina da manhã, o cérebro passa a se ocupar mais com as coisas que fazem você feliz. Isso ajuda você a atingir as metas diárias, porque o cérebro de uma pessoa feliz é 30% mais produtivo e criativo em comparação com o de uma pessoa em estado indiferente ou negativo.[49] Com o *Diário dos 6 minutos*, você vai conseguir filtrar todas as manhãs tudo que vai tornar seu dia melhor.

3 Afirmação positiva

Essa parte da rotina da manhã não é tão autoexplicativa quanto as outras. Pelo fato de 95% das decisões terem origem no subconsciente, as crenças e os sentimentos – bem ativos ali – impactam fortemente a realidade (veja o gráfico na página 82).[50] O subconsciente é incansável, está ativo noite e dia, e a principal finalidade da afirmação positiva é usar esse workaholic a seu favor. O objetivo é explorar os limites do possível e programar o subconsciente de acordo com isso. Com a ajuda de eletroencefalogramas, diver-

> *É a repetição de afirmações que leva à crença. E, uma vez que a crença se torna uma convicção profunda, as coisas começam a acontecer.*[51]
>
> CLAUDE M. BRISTOL

sos estudos mostraram que esse método, quando usado de modo correto, é uma ferramenta muito eficaz para impulsionar mudanças graduais de dentro para fora.[52] Ao formular a afirmação positiva, você pode escolher entre duas abordagens diferentes. Escolha a que melhor funcionar para você e fique com ela por enquanto.

1. **A abordagem do martelo:** Você escolhe uma afirmação positiva que queira integrar à sua vida e passa a escrevê-la todos os dias. Quanto mais fizer isso, mais irá interiorizá-la. Com a caneta, você "martela" a afirmação positiva, por assim dizer, até assimilá-la e experimentar de forma consciente todas as vantagens que ela oferece – até que se torne parte de você. Por exemplo: "Eu me amo e por isso exerço uma profissão que me deixa realizado e me traz alegria", ou "Eu confio em minhas habilidades e todos os dias evoluo mais um pouco". Você também pode ser mais específico: "Ganho 100 mil por ano", "Dia após dia, perco peso, até atingir o peso ideal de 65 quilos", ou "Mantenho meu relacionamento amoroso cheio de paixão".

> *Se você pensa que pode ou se pensa que não pode, você está certo de qualquer forma!*
>
> HENRY FORD

A abordagem do martelo por Jim Carrey

Jim Carrey chegou a preencher para si mesmo um cheque no valor de 10 milhões de dólares por serviços prestados de atuação. Além disso, todos os dias ele anotava a seguinte frase: "Eu realmente sou um bom ator. Todos querem trabalhar comigo e recebo muitas ofertas para fazer filmes."

Naquela época, Jim Carrey estava desempregado e nunca havia recebido um único centavo como ator. Ele olhava para o cheque de vez em quando e o guardou por muito tempo na carteira, até que recebeu essa exata quantia por um papel que representou anos depois.

Não se trata de um caso isolado. Esse método de abordagem já se provou eficaz e funcionou para muitas outras personalidades bem-sucedidas, entre elas Muhammad Ali, Bruce Lee, Arnold Schwarzenegger, Will Smith, Tim Ferriss e Oprah Winfrey.

2. **A abordagem do beija-flor:** A afirmação positiva aqui depende de como você está se sentindo ou de quais são seus planos para o dia – isso significa que você a define a cada dia. Se você, por exemplo, tiver que fazer uma apresentação, pode escrever: "Sou competente, sei falar bem, e hoje vou dar uma palestra interessante." Se estiver trabalhando num novo projeto, pode escrever: "Gosto de aprender coisas novas no trabalho e aceito esse desafio diário."

O subconsciente não fala por meio de palavras, mas de sentimentos. Por essa razão, o que você sente quando escreve é o critério de qualidade de sua afirmação positiva.

Você deve sentir o que escreve! Quando terminar, feche os olhos por um instante e faça mentalmente as seguintes perguntas:

1. Você se sente pior? Então, provavelmente, planejou fazer mais coisas do que é capaz.
2. Você acredita no que escreveu? Sente-se melhor? Está motivado? Se a resposta for sim, você está no caminho certo. Está dentro da área de seu crescimento potencial.
3. Você se sente indiferente? Então você não está pensando grande o suficiente.

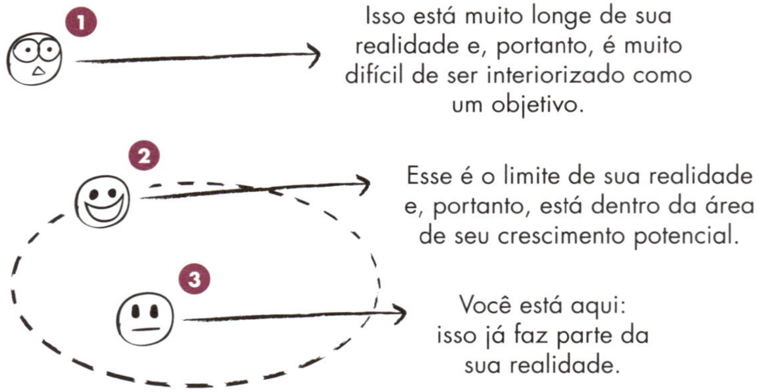

Agora vou contar uma história que se enquadra bem na abordagem do beija-flor: Sofia ama desenhar e criar. Ela tem 35 anos e trabalha numa startup que, dois anos atrás, começou a vender sapatos com design inovador e materiais sustentáveis. O departamento de design é composto por dez pessoas e, até o fim do ano, uma delas deve assumir o cargo de chefia. As seguintes autoafirmações seriam apropriadas a essa situação:

1. "Vou assumir o cargo de chefia este ano porque amo meu trabalho e estou convencida de minha capacidade."
2. "Estou determinada a ser chefe de departamento este ano, pois sou qualificada e ser designer de sapatos é o que me realiza."
3. "Estou contente por poder vender para o público sapatos bonitos e sustentáveis, e estou preparada para o novo cargo."

O importante é que a afirmação seja de fato positiva. Suponhamos que você escreva algo como "Não vou comer mais batata frita". O que o cérebro faz? Pensa em batata frita porque não sabe reconhecer uma negação. Ou o exemplo clássico: faça o que fizer, não pense num elefante cor-de-rosa segurando uma guarda-chuva amarelo! De que cor era o elefante que você imaginou? Bem rosa, não é mesmo? Formulações negativas ou negações não cabem aqui porque não são registradas pelo subconsciente.[53] É igualmente importante que você formule a afirmação da forma mais individualizada possível. Declarações gerais, como "Eu me amo", são menos úteis que formulações feitas sob medida, como "Sou emocionalmente estável e mantenho a compostura em situações de estresse". Recomendamos que você comece as autoafirmações com um componente ativo, como "Eu sou", "Eu controlo", ou "Eu tenho", porque, dessa maneira, seu subconsciente poderá processar de imediato seus objetivos.

A rotina da noite

... assim você reflete e carrega a bateria para o dia seguinte

Não há nada mais reconfortante do que uma boa noite de sono. Você conhece a sensação de acordar de manhã e se sentir completamente revigorado, como se tivesse renascido? Se você seguir a rotina noturna com regularidade, esse sentimento pode fazer parte do seu cotidiano. Se você hoje está com 60 anos, passou cerca de vinte anos dormindo. Sendo assim, o sono é uma parte enorme e, portanto, extremamente importante da sua vida. Dê-lhe a atenção que ele merece. Pouco antes de dormir não é hora nem lugar de ter pensamentos negativos ou desagradáveis. É aconselhável seguir a rotina noturna nos últimos minutos do dia para que você consiga se concentrar nas coisas positivas e garantir uma boa noite de sono. O *Diário dos 6 minutos* é a chave que abre a manhã e o trinco que encerra a noite.

O que você costuma fazer antes de dormir? De acordo com um estudo sobre o comportamento do consumidor, 52% de 49 mil pessoas de trinta países dão uma olhada no celular nos últimos cinco minutos antes de dormir.[54] É muito provável que você também se deixe iluminar pela tela de algum dispositivo eletrônico, seja notebook, celular ou televisão. Estudos comprovaram como isso faz mal para a saúde porque, a

“

Quem não honra a noite não é merecedor do dia.

DITADO POPULAR ITALIANO

longo prazo, diminui drasticamente a quantidade e a qualidade do sono.[55] O *Diário dos 6 minutos* não é eletrônico e, portanto, é o primeiro passo para uma vida mais saudável.

❹ Qual boa ação pratiquei hoje?

Fazer bem a outras pessoas deixa você feliz a longo prazo

As pessoas que gostam de ajudar e tendem a ter um comportamento pró-social descrevem a si mesmas como mais felizes do que aquelas que não se importam com isso.[56] Quanto fazer bem a outra pessoa nos torna feliz? Para descobrir a resposta, pesquisadores realizaram um estudo nos Estados Unidos. Cada um dos participantes recebeu 100 dólares. Eles tinham a opção de doar esse dinheiro para a obra de caridade de sua escolha ou gastá-lo. Durante o estudo, as atividades cerebrais desses indivíduos foram monitoradas com a ajuda de encefalogramas. A área do cérebro responsável pela alegria e pelo prazer estava mais ativa no grupo dos doadores que no grupo das pessoas que empregaram o dinheiro para fins pessoais.[57] A mesma área do cérebro também é responsável pela liberação de dopamina quando devoramos uma deliciosa barra de chocolate ou temos um orgasmo, por exemplo. No entanto, estudos do psicólogo Martin Seligman mostraram que o sentimento de felicidade ao doarmos é muito diferente daquele provocado por uma boa comida ou uma noite de

> “*O caráter não se revela nas grandes ações; é nas pequenas coisas que se descobre a natureza de um homem.*”
>
> JEAN-JACQUES ROUSSEAU

sexo. No primeiro caso, os efeitos positivos duraram um dia inteiro (um pouco mais até) enquanto no outro caso acabaram muito rapidamente.[58]

É claro que você não vai doar dinheiro todos os dias. Por isso é válido concentrar-se mais nas pequenas boas ações do dia: ajudar um colega de trabalho, dar atenção a um amigo, lavar o prato do colega de quarto ou ajudar sua mãe. Pergunte a seus avós como eles se sentem. Fale com alguém que pareça estar só. Diga a seu parceiro que o ama. Expresse gratidão aos amigos, à família e aos colegas de trabalho. Elogie a comida do chef. Abra a porta para alguém. Esteja disposto a ouvir. Deseje um bom dia a seu vizinho ou dê um belo sorriso à moça do caixa no mercado.

5 O que vou fazer melhor amanhã?

Como você está segurando este livro, podemos supor que quer aprender constantemente, crescer e evoluir. Alegre-se durante o andamento do processo, não apenas no final. Você só seria feliz em raras ocasiões se só conseguisse sentir alegria ao alcançar grandes objetivos. Esteja ciente de que você nunca será perfeito, mas pode trabalhar diversas características de sua personalidade. Dessa maneira, ensina o cérebro a se concentrar no progresso e nas coisas boas. E se você teve um dia maravilhoso, no qual tudo deu certo, desenhe uma carinha feliz.

Tudo está em constante transformação. A vida nos bombardeia sempre com mudanças e provoca turbulências. Mas nós mudamos todos os dias – às vezes até de hora em hora. É lógico que uma vida feliz nunca é permanente e que os parafusos da felicidade nunca estão apertados. Precisamos girá-los e ajustá-los de forma contínua, e é justamente isso que você vai fazer aqui. Vai pegar a chave de fenda, identificar os problemas persistentes e anotar em detalhes o que pode fazer para solucioná-los. Anote as ações que pretende concretizar. Não é por acaso que essa recomendação é o fio condutor do *Diário dos 6 minutos*: é a única maneira de aumentar a probabilidade de você realizar seus planos. Ao se questionar sobre o que poderia fazer melhor amanhã, em vez de valorizar as coisas negativas, você garante que se sairá melhor da próxima vez.

Não se compare a outras pessoas

Comparar-se a outras pessoas, em certos casos, pode ser uma fonte útil de motivação e crescimento. Via de regra, porém, as desvantagens dessa fonte de motivação superam os benefícios. Vinte anos atrás, ainda fazia sentido manter uma competição saudável com o vizinho ou o colega de trabalho. Graças à internet e às redes sociais, hoje podemos nos comparar a qualquer pessoa de qualquer parte do mundo. Só esta semana, duas de suas "amigas" se casaram e

> *Quem quer ser feliz o tempo todo precisa mudar constantemente.*
>
> CONFÚCIO

todos foram passar férias nos lugares mais belos do mundo. Aquele seu amigo acabou de desenvolver um app superinovador. E um outro foi pai pela segunda vez. Todos são muito felizes. Embora devesse ser óbvio que as pessoas pintam os próprios retratos da maneira que querem, sempre caímos na mesma armadilha: comparamos a realidade privada de nossa vida com os destaques públicos dos outros. Estamos sempre comparando nossa vida interior com a vida exterior dos amigos (e até dos não tão amigos assim).

Em decorrência dessas comparações constantes, temos dificuldade em distinguir se nosso comportamento é motivado por nós mesmos ou pela influência dos outros. Quero ir à academia porque me divirto e quero ter um corpo mais saudável ou apenas porque todos os meus amigos se exercitam com regularidade? A comparação constante, a longo prazo, reduz a sua autoconfiança e você se torna mais suscetível à depressão.[60] As redes sociais aumentaram tanto nossa tendência às comparações que, hoje, é ainda mais importante se conscientizar das suas desvantagens e tentar reduzi-las ao mínimo possível. Experimente diminuir o tempo que você passa on-line ou nas redes sociais durante uma semana. Observe como você se sente e tire suas conclusões.

> “*Todos veem o que você parece ser, mas poucos sabem o que você realmente é.*[59]
>
> NICOLAU MAQUIAVEL

Compare-se à pessoa que você foi ontem

Com o uso do *Diário dos 6 minutos*, você dará um grande passo nessa direção. O diário não será apenas uma bela lembrança daqui a alguns meses ou anos; ele poderá fornecer informações úteis sobre o dia de ontem ou a semana passada. Ele serve para tecer comparações com quem você foi nos últimos dias. A pergunta que você deve fazer a si mesmo todas as noites (sobre o que poderá fazer melhor no dia seguinte) o ajudará a acompanhar e compreender se houve algum progresso ou não. Reler o que escreveu é a maneira mais fácil de perceber tendências e padrões. Quanto mais anotar os potenciais de melhoria, mais você perceberá a urgência de provocar mudanças nesses aspectos.

Se você escreve todos os dias "Hoje quero fazer exercício" e não coloca o plano em ação, precisa mudar de tática. Sendo assim, você poderia escrever: "Hoje vou planejar o dia de forma consciente, de modo que me sobre uma hora para fazer exercícios." O mesmo vale para a gratidão diária. Se você perceber que já faz duas semanas que não dirige uma palavra de agradecimento a seu parceiro, esse pode ser um indício de que, em outra ocasião, você só teria percebido essa falha meses mais tarde por causa do ritmo acelerado do cotidiano.

6 Coisas legais que aconteceram hoje

Valorizar as coisas boas pode prolongar sua vida consideravelmente

A relação entre uma atitude positiva e a expectativa de vida nunca foi tão bem demonstrada como em uma pesquisa que se tornou conhecida como o "estudo das freiras". Cento e oitenta freiras participaram desse estudo longitudinal, que se estendeu por mais de setenta anos. Para serem admitidas no convento, elas tinham que escrever uma autobiografia com duas ou três páginas. Quando as autobiografias foram escritas, nas décadas de 1930 e 1940, as freiras tinham, em média, 22 anos. O conteúdo de cada uma dessas 180 autobiografias foi analisado para averiguar a proporção de palavras e frases negativas, indiferentes ou positivas. De acordo com o resultado, as freiras foram divididas em quatro grupos, cada um composto de 45 freiras. Os resultados foram impressionantes:[61]

1. As 45 freiras mais felizes viveram, em média, dez anos mais que as 45 mais infelizes.
2. Mais de 90% das freiras mais felizes ainda tinham uma saúde excelente aos 85 anos.
3. Um total de 54% das freiras mais felizes viveu pelo menos 94 anos, enquanto apenas 15% das mais infelizes chegaram até essa idade.

> “*Dez por cento da vida é composta do que acontece com você; 90% dela é decidida pela forma como você reage.*[62]
> CHARLES SWINDOLL

O que torna essas observações tão especiais? Os termos dessa investigação científica valem ouro, já que as freiras viviam, ou ainda vivem, sob condições quase idênticas. Todas elas vivem no mesmo ambiente, realizam trabalhos parecidos, comem a mesma comida, não consomem álcool, não fumam, não fazem sexo, não são casadas e não têm filhos. Ou seja, o estudo demonstra com muita clareza a importância de valorizar o que já está presente na sua vida e o que os seus dias já oferecem. Como foi dito nas páginas iniciais, aproveite o tempo para celebrar os pequenos momentos felizes e as pequenas vitórias. Se você não consegue fazer isso, é improvável que consiga celebrar grandes acontecimentos.

Convém começar bem

> "
> ***Não podemos mudar o vento, mas podemos ajustar as velas.***
> ARISTÓTELES

Quando encontra seus amigos, seu parceiro ou seu colega de apartamento, qual é a primeira coisa que você costuma falar? Ao chegar em casa, talvez você queira desabafar e contar sobre o dia exaustivo e estressante e sobre o que o deixou impaciente ou o que deu errado, só para ouvir a outra pessoa responder algo parecido: "Ah, meu chefe acha que consigo fazer um milhão de coisas ao mesmo tempo, não recebo nenhum elogio, nenhum agradecimento, e ainda tive que ouvir minha mãe me criticando ao telefone..." Uma maneira muito simples de reverter esse costume é contar a melhor coisa que aconteceu com você. Ainda que pareça um pouco estranho no início, comece a conversa com os melhores momentos de seu dia, não importa se foram pequenos ou banais. Conte o que aprendeu e o que deixou você orgulhoso, fale sobre a sobremesa deliciosa que comeu ou sobre o ônibus que você só conseguiu pegar porque ele se atrasou três minutos. Dessa forma, você e seu interlocutor permanecem de bom humor, ao mesmo tempo que você aguça sua visão sobre as coisas boas que acontecem diariamente, quer sejam pequenas ou grandes. Pode ser muito útil, é claro, desabafar e falar dos problemas e da parte turbulenta do dia, mas a forma como você inicia uma conversa define o rumo que ela vai tomar. Essa pequena dica pode fortalecer seu vínculo em qualquer tipo de relacionamento. O que você tem a perder se falar primeiro dos pedacinhos de chocolate, por menores que sejam?

Comece a estocar bom humor

Nem sempre é fácil encontrar motivação para encarar os desafios da dia a dia. Às vezes você não está se sentindo bem. Nesses momentos você precisa de pequenos incentivos que o ajudem a se concentrar no que é essencial. Na seção da rotina noturna, você irá registrar todos os dias os pequenos e grandes momentos de felicidade. Use esses escritos como um estoque de biscoitos da sorte caseiros. Leia o que você escreveu em outros dias, e seu humor vai melhorar automaticamente. Você terá uma caixinha do tesouro cheia de petiscos da felicidade sem data de vencimento que poderá saborear sempre que precisar. A maior fonte de inspiração é você mesmo.

Seis dicas

... para utilizar o diário da melhor forma e não perder o ânimo

DICA Nº 1
Escolha um lugar fixo para o diário

Para manter o compromisso de usar o *Diário dos 6 minutos* todos os dias, é muito importante que você escolha onde quer deixar o diário e a caneta que usa. Pode parecer algo muito simples, mas é de fato significativo. Escolha um lugar onde você possa ver o diário pela manhã e à noite, antes de dormir. Para algumas pessoas, o mais indicado seria manter o livro perto da cama e ao alcance das mãos ao acordar; na gaveta da mesa de cabeceira, por exemplo. Para outros, faria mais sentido se o diário estivesse ao lado da escova de dentes, da bolsa ou da mochila. É aconselhável combinar o diário com um ritual fixo, como o café da manhã ou o chá. Encontre um caminho próprio para alcançar seu objetivo. Não deixe para amanhã ou depois de amanhã, escolha um lugar agora. Você ficará surpreso com a eficácia dessa pequena técnica mnemônica.

“

O que você é se define pelo que você faz.

THOMAS A. EDISON

DICA Nº 2
Seja detalhista, sinta o que você escreve

Como a estrutura do diário não muda todos os dias, pode ocorrer que você repita algumas coisas. Isso não é de todo ruim. Às vezes – quando se trata de afirmações positivas, por exemplo – pode até fazer muito sentido. Mas, em certos casos, repetir-se com frequência não leva ao progresso. O que você pode fazer para não escrever a mesma coisa todos os dias? A solução é simples: seja detalhista. E divirta-se.

Ao escrever no diário todos os dias, o que você sente e experimenta ao longo do processo é mais importante do que o conteúdo em si. Pensar nas coisas pelas quais somos gratos funciona rápido. Mas, em geral, demora alguns segundos a mais para que o sentimento associado a essas coisas chegue a nós. O neuropsicólogo Rick Hanson mostrou que as experiências negativas entram diretamente na memória de longo prazo, enquanto as experiências positivas precisam ser mantidas na consciência por cerca de dez segundos para fazerem a transição da memória de curto prazo para a de longo prazo.[63] Então, ao manter uma boa sensação na sua mente por alguns segundos a mais, você faz com que um estado temporário se transforme numa estrutura neural persistente. Aproveite esses segundos e espere que o sentimento chegue a você (alegria, arrebatamento, deleite) antes de pegar a caneta. Isso pode fazer uma grande diferença.

> “
>
> *Se é no todo que você deseja se deleitar, é no todo dos detalhes que você deve encontrar.*
>
> JOHANN WOLFGANG VON GOETHE

Pense num romance que prende a sua atenção. Bons autores não descrevem acontecimentos de modo superficial; eles se debruçam sobre os detalhes. Eles não dizem apenas "Ela o viu", mas "Quando seus olhos se encontraram, um arrepio percorreu-lhe o corpo e, embora seus lábios não se tocassem, parecia que estavam se beijando pela mera respiração". O exemplo é obviamente exagerado, mas prova que os sentimentos se escondem nos detalhes, e quanto mais detalhado você for na descrição, mais fácil será percebê-los.

> "*O encanto está sempre no detalhe.*"
> THEODOR FONTANE

Se ontem você escreveu "Sou grato por ter fulano a meu lado", então hoje você pode escrever "Sou grato por ser tão fácil para fulano conhecer novas pessoas e sempre me apresentar a elas", ou "Sou grato por fulano sempre sorrir para mim quando estamos visitando outras pessoas". O mesmo vale para as outras seções do diário e, principalmente, para as coisas boas que você vivenciou no dia. O que você escreve nessa seção quando o dia não foi nada tranquilo? A solução está nos detalhes. Concentre-se nos pequenos raios de esperança. Repasse o dia desde o momento em que você se levantou e olhe para ele com a sensação de que tudo poderia ter sido muito pior. Então você se lembrará de fatos que tenham acontecido, como "Minha música favorita dos Backstreet Boys tocou no rádio", ou "Tive mais tempo para me preparar porque a reunião foi cancelada", ou "Os abacates estavam em promoção quando fui ao mercado", ou "O frango estava delicioso no almoço". Coisas pequenas, mas boas.

Seja realista e tente sentir o que você escreve. A escrita deve ser prazerosa! Quanto mais profundo for o seu mergulho, mais fortes e duradouros serão os resultados. E quanto mais você praticar, mais fácil e rápido será o processo.

DICA Nº 3
Certifique-se de não deixar a peteca cair

A divisão do tempo em três minutos de manhã e três minutos à noite diminui o bloqueio com a escrita. Ainda assim, persiste o perigo de o diário acabar se tornando um objeto decorativo na estante. Dedique alguns minutos agora a eliminar esse pequeno risco do seu caminho.

O que poderia impedir você de utilizar o diário de manhã e à noite?

1. ______________________________

2. ______________________________

3. ______________________________

Anote as medidas concretas que vão permitir que você supere esses obstáculos:

1. ______________________________

2. ______________________________

3. ______________________________

A memória visual, por exemplo, poderia ser muito eficaz. Você poderia utilizar o controle de hábitos (página 101) ou, no calendário, marcar com um X se utilizou o diário. Da mesma forma, você pode utilizar um dos muitos aplicativos úteis de listas de hábitos para garantir o uso diário.

DICA Nº 4
A estrutura não é perpétua

No futebol, existem regras estritas. Dentro do conjunto de regras, porém, cada jogador tem sua maneira individual de jogar. O mesmo conceito vale para o *Diário dos 6 minutos*: para não ficar chato, você pode criar as próprias regras. Pode, por exemplo, escrever três coisas novas todos os dias por uma semana sem repeti-las. Isso ajuda a condicionar a perspectiva (seu SARA; veja na página 78) para que você seja sempre capaz de filtrar das situações novas coisas boas que trazem oportunidades e possibilidades.

Ao anotar três coisas pelas quais é grato pela manhã, não escreva uma lista de gratidão com rapidez. Com essa atitude, os gestos podem se tornar repetitivos, e a gratidão acaba sendo processada pela cabeça, não pelo coração. Conforme já dissemos na dica nº 2, você tem que sentir a emoção quando escreve.

Uma vez que escrever de modo bem detalhado é excelente para criar vínculos emocionais, pode ser que, às vezes, precisemos de mais espaço para relatar o que estamos sentindo. Nesses dias, você pode riscar as dicas nº 1, 2 e 3 e usar o espaço para elaborar um texto de gratidão mais longo. É claro que essa ideia também pode ser aplicada em outras seções do diário. O principal é que você se sinta emocionalmente conectado ao que escreve. Com o tempo, encontrará seu ritmo, que lhe parecerá natural e intuitivo.

DICA Nº 5
O trabalho em equipe torna o trabalho dos sonhos possível

Busque um parceiro, a exemplo de Batman e Robin, Bonnie e Clyde, Tom e Jerry. Chame uma pessoa que tenha o mesmo objetivo que você, ou um bem parecido, e que apoie você. Uma pessoa para a qual o *Diário dos 6 minutos* possa ser tão valioso quanto é para você. Encontrar uma comunidade de pessoas que se uniram por um mesmo propósito pode ser útil e encorajador. Compartilhem experiências, sejam responsáveis uns pelos outros, motivem uns aos outros.

Mesmo que esteja começando sozinho, sua família e seus amigos podem ajudar você. Conte a algumas pessoas que fazem parte de seu convívio sobre o plano de usar *o Diário dos 6 minutos* todos os dias. Dessa forma, você se responsabiliza e cria uma suave pressão positiva, que pode ser útil para ajudá-lo a não desanimar.[64] Em última análise, você quer mostrar aos outros que é capaz de fazer o que disse que faria. Assim, vai inspirar outras pessoas a promover os próprios objetivos.

DICA Nº 6
Crie categorias

Ainda que você tenha a melhor das intenções de estar sempre emocionalmente envolvido na escrita, o bloqueio de escritor é inevitável com o tempo. Ou você demora para sentir o que está escrevendo (e pode pensar "Não tenho todo o tempo do mundo e preciso trabalhar em algum momento") ou talvez experimente outro caminho que não roube muito do seu tempo: em vez de apenas anotar aquilo pelo que é grato, você pode direcionar a gratidão para áreas específicas da vida. Basta criar categorias individuais, como:

1. Relacionamentos pessoais: familiares, amigos, parceiro, pais, colegas de trabalho, clientes, gatos, cachorros.
2. Acontecimentos: algo bom que aconteceu ontem (na semana passada, no mês passado), uma oportunidade que poderia surgir hoje (amanhã, na semana que vem, no mês que vem).
3. Natureza: o canto dos pássaros, o formato das nuvens, o cheiro de grama recém-aparada, o pôr do sol.
4. Coisas simples: o toque suave de um ente querido, o sorriso de um bebê, a sensação de aconchego ao vestir o casaco preferido.
5. Saúde: exercícios, digestão, alimentação, respiração, espiritualidade, sono.

Concentre-se em seus familiares por um dia ou em seus amigos durante uma semana. Direcione o foco para um relacionamento antigo que muito o ajudou em algum momento. Deixe a criatividade correr solta. Durante uma semana, crie seu "Diário dos 6 minutos para ser fitness" ou "Diário dos 6 minutos para me relacionar melhor com as pessoas". A arte aqui é encontrar seu estilo. Muitos são os caminhos que levam a Roma – e também à felicidade.

O Diário

... agora que você já respondeu às perguntas, pode começar!

Avalie as áreas de sua vida a seguir. Desenhe uma seta à direita da escala para indicar se a área está melhorando ou piorando. Faça essa avaliação de quatro em quatro semanas. Considere que 1 é o pior, e 10, o melhor.

A CHECAGEM DO MÊS

Humor geral	1	2	3	4	5	6	7	8	9	10
Gratidão	1	2	3	4	5	6	7	8	9	10
Atenção plena	1	2	3	4	5	6	7	8	9	10
Família	1	2	3	4	5	6	7	8	9	10
Amigos	1	2	3	4	5	6	7	8	9	10
Parceria	1	2	3	4	5	6	7	8	9	10
Diversão	1	2	3	4	5	6	7	8	9	10
Calma e serenidade	1	2	3	4	5	6	7	8	9	10
Tempo para si mesmo	1	2	3	4	5	6	7	8	9	10
Alimentação saudável	1	2	3	4	5	6	7	8	9	10
Beber água	1	2	3	4	5	6	7	8	9	10
Atividades físicas	1	2	3	4	5	6	7	8	9	10
Sair de casa	1	2	3	4	5	6	7	8	9	10
Saúde	1	2	3	4	5	6	7	8	9	10
Criatividade	1	2	3	4	5	6	7	8	9	10
Finanças	1	2	3	4	5	6	7	8	9	10
Trabalho e formação	1	2	3	4	5	6	7	8	9	10
Pensamentos e emoções	1	2	3	4	5	6	7	8	9	10
O presente	1	2	3	4	5	6	7	8	9	10
O futuro	1	2	3	4	5	6	7	8	9	10

Exemplo:

Gratidão	1	2	3	4	5	6	(7)	8	9	10	↑

Agora que você já conhece a força onipotente do hábito, vai poder usá-la para guiar os próprios comportamentos na direção certa.

Qual hábito positivo você quer criar? Praticar esporte de dois em dois dias, parar de fumar, ler por 20 minutos todos os dias, cumprimentar três pessoas diariamente? Tanto faz se você quer trazer novos hábitos para sua vida ou seguir com os existentes; o controle de hábitos vai ajudá-lo nisso.

Exemplo:

HÁBITO: Beber 1 litro de água

~~1~~	2	~~3~~	~~4~~	~~5~~	6	7	~~8~~	~~9~~	~~10~~	~~11~~	12	~~13~~	14	~~15~~	~~16~~
~~17~~	~~18~~	~~19~~	20	~~21~~	~~22~~	~~23~~	~~24~~	~~25~~	~~26~~	27	~~28~~	~~29~~	~~30~~	~~31~~	

O CONTROLE DE HÁBITOS

HÁBITO: ______________________

1	2	3	4	5	6	7	8	9	10	11	12	13	14	15	16
17	18	19	20	21	22	23	24	25	26	27	28	29	30	31	

HÁBITO: ______________________

1	2	3	4	5	6	7	8	9	10	11	12	13	14	15	16
17	18	19	20	21	22	23	24	25	26	27	28	29	30	31	

HÁBITO: ______________________

1	2	3	4	5	6	7	8	9	10	11	12	13	14	15	16
17	18	19	20	21	22	23	24	25	26	27	28	29	30	31	

“

Somos o que fazemos repetidamente. Portanto, a excelência não é um ato, mas um hábito.

ARISTÓTELES

AS CINCO PERGUNTAS DA SEMANA

Qual é a sua maior preocupação? Imagine que quem tem essa preocupação é o seu melhor amigo. Que conselho daria a ele?

Quem atualmente é seu melhor amigo? Pelo que você é mais grato a essa pessoa? Pelo que você acha que ela é mais grata a você?

O que mais gosta em você mesmo e por quê?

Este é um momento perfeito para uma viagem no tempo. Lembre-se de quando você era criança. Qual conselho daria a si mesmo para o futuro?

Quando foi a última vez que você chorou lágrimas de alegria? Quando foi a última vez que teve um momento positivo que lhe deu um friozinho na barriga?

S T Q Q S S D ___/___/______

Sou grato por...

1. ____
2. ____
3. ____

Deixarei meu dia ótimo assim:

Afirmação positiva

Desafio da semana: Escreva um e-mail para si mesmo e programe o envio para quando prevê terminar de preencher o *Diário dos 6 minutos*. Nele você vai registrar as circunstâncias da sua vida hoje.

Qual boa ação pratiquei hoje?

O que vou fazer melhor amanhã?

Coisas legais que aconteceram hoje

1. ____
2. ____
3. ____

S T Q Q S S D ___/___/______

Sou grato por...

1. ______
2. ______
3. ______

Deixarei meu dia ótimo assim:

Afirmação positiva

Uma jornada de mil milhas
começa com o primeiro passo.
LAO TSÉ

Qual boa ação pratiquei hoje?

O que vou fazer melhor amanhã?

Coisas legais que aconteceram hoje

1. ______
2. ______
3. ______

S T Q Q S S D __/__/____

Sou grato por...

1.
2.
3.

Deixarei meu dia ótimo assim:

Afirmação positiva

Quem quer ser feliz precisa adquirir aquilo que nenhum capricho do destino pode lhe arrancar.
SANTO AGOSTINHO

Qual boa ação pratiquei hoje?

O que vou fazer melhor amanhã?

Coisas legais que aconteceram hoje

1.
2.
3.

S T Q Q S S D ___/___/______

Sou grato por...

1.

2.

3.

Deixarei meu dia ótimo assim:

Afirmação positiva

A maior recompensa por nossos esforços não é o que obtemos com eles, mas o que nos tornamos por meio deles.

JOHN RUSKIN

Qual boa ação pratiquei hoje?

O que vou fazer melhor amanhã?

Coisas legais que aconteceram hoje

1.

2.

3.

S T Q Q S S D ___/___/______

Sou grato por...

1. ______
2. ______
3. ______

Deixarei meu dia ótimo assim:

Afirmação positiva

Seja grato pelo que você tem, aguarde o que é habitual e seja feliz por ainda não ter tudo. Esperar por algo também é prazeroso.
SÊNECA

Qual boa ação pratiquei hoje?

O que vou fazer melhor amanhã?

Coisas legais que aconteceram hoje

1. ______
2. ______
3. ______

S T Q Q S S D ___/___/______

Sou grato por...

1. ______
2. ______
3. ______

Deixarei meu dia ótimo assim:

Afirmação positiva

A vida é medida não pela quantidade de respirações que damos, mas pelos momentos que nos tiram o fôlego.
MAYA ANGELOU

Qual boa ação pratiquei hoje?

O que vou fazer melhor amanhã?

Coisas legais que aconteceram hoje

1. ______
2. ______
3. ______

S T Q Q S S D __/__/____

Sou grato por...

1.
2.
3.

Deixarei meu dia ótimo assim:

Afirmação positiva

Um otimista não fica na chuva;
ele se banha sob uma nuvem.[65]
THOMAS ROMANUS

Qual boa ação pratiquei hoje?

O que vou fazer melhor amanhã?

Coisas legais que aconteceram hoje

1.
2.
3.

AS CINCO PERGUNTAS DA SEMANA

Dizem que somos a média das cinco pessoas com quem passamos a maior parte do tempo. Atualmente, quem são essas cinco pessoas? Como elas refletem quem você é? Essas pessoas fazem bem a você, e você, a elas?

Do que você realmente se orgulha? O que faz você se orgulhar disso?

Qual elogio teve o maior impacto sobre você, e como exatamente ele afetou a sua vida? Quando foi a última vez que você fez a alguém um elogio que deixou essa pessoa realmente feliz?

O que você faria agora mesmo se não tivesse medo de errar?

O que acha que a maioria das pessoas pensa assim que conhece você?

ANOTAÇÕES DA SEMANA

S T Q Q S S D __/__/____

Sou grato por...

1. ____
2. ____
3. ____

Deixarei meu dia ótimo assim:

Afirmação positiva

Desafio da semana
Surpreenda uma pessoa fazendo algo maravilhoso por ela.

Qual boa ação pratiquei hoje?

O que vou fazer melhor amanhã?

Coisas legais que aconteceram hoje

1. ____
2. ____
3. ____

S T Q Q S S D __/__/____

Sou grato por...

1. ___
2. ___
3. ___

Deixarei meu dia ótimo assim:

Afirmação positiva

> *As maiores dificuldades se encontram justamente onde as estamos procurando.*
>
> JOHANN WOLFGANG VON GOETHE

Qual boa ação pratiquei hoje?

O que vou fazer melhor amanhã?

Coisas legais que aconteceram hoje

1. ___
2. ___
3. ___

S T Q Q S S D __/__/____

Sou grato por...

1.
2.
3.

Deixarei meu dia ótimo assim:

Afirmação positiva

Uma gota de amor vale mais
que um oceano de razão.
BLAISE PASCAL

Qual boa ação pratiquei hoje?

O que vou fazer melhor amanhã?

Coisas legais que aconteceram hoje

1.
2.
3.

S T Q Q S S D ___/___/______

Sou grato por...

1. ____________________
2. ____________________
3. ____________________

Deixarei meu dia ótimo assim:

Afirmação positiva

Lutamos por nosso sustento com aquilo que temos, mas vivemos daquilo que oferecemos.
WINSTON CHURCHILL

Qual boa ação pratiquei hoje?

O que vou fazer melhor amanhã?

Coisas legais que aconteceram hoje

1. ____________________
2. ____________________
3. ____________________

S T Q Q S S D ___/___/______

Sou grato por...

1. ______
2. ______
3. ______

Deixarei meu dia ótimo assim:

Afirmação positiva

A vida se divide em três períodos: o que foi, o que é, o que há de ser. Destes, o que vivemos agora é breve; o que havemos de viver, duvidoso; o que já vivemos, certo. SÊNECA

Qual boa ação pratiquei hoje?

O que vou fazer melhor amanhã?

Coisas legais que aconteceram hoje

1. ______
2. ______
3. ______

S T Q Q S S D ___/___/______

Sou grato por...

1. ______
2. ______
3. ______

Deixarei meu dia ótimo assim:

Afirmação positiva

Precisamos ser a mudança
que queremos ver no mundo.[66]
MAHATMA GANDHI

Qual boa ação pratiquei hoje?

O que vou fazer melhor amanhã?

Coisas legais que aconteceram hoje

1. ______
2. ______
3. ______

S T Q Q S S D __/__/____

Sou grato por...

1\.

2\.

3\.

Deixarei meu dia ótimo assim:

Afirmação positiva

Os frutos amadurecem sob a ação do sol;
as pessoas, sob a ação do amor.
JULIUS LANGBEHN

Qual boa ação pratiquei hoje?

O que vou fazer melhor amanhã?

Coisas legais que aconteceram hoje

1\.

2\.

3\.

AS CINCO PERGUNTAS DA SEMANA

Quais são as três prioridades em sua vida agora? Em que você quer concentrar sua energia e seu tempo?

Com base em suas ações e rotinas diárias, onde você se vê daqui a cinco anos? Que tipo de pessoa será se continuar fazendo o que faz agora?

Com quais preocupações você gasta seu tempo? Elas serão relevantes daqui a cinco anos? Daqui a cinco semanas? Daqui a cinco dias?

Você acha que tem que realizar algo para ter valor?

Se você só pudesse dizer uma coisa sobre si mesmo num encontro mais curto, o que diria?

ANOTAÇÕES DA SEMANA

S T Q Q S S D __/__/____

Sou grato por...

1.
2.
3.

Deixarei meu dia ótimo assim:

Afirmação positiva

Desafio da semana

Qual é seu maior ponto fraco? Dedique dez minutos todos os dias nesta semana para transformá-lo em ponto forte.

Qual boa ação pratiquei hoje?

O que vou fazer melhor amanhã?

Coisas legais que aconteceram hoje

1.
2.
3.

S T Q Q S S D ___/___/______

Sou grato por...

1. ______
2. ______
3. ______

Deixarei meu dia ótimo assim:

Afirmação positiva

A saúde excede os demais bens exteriores de tal forma que um mendigo saudável é mais feliz que um rei enfermo.
ARTHUR SCHOPENHAUER

Qual boa ação pratiquei hoje?

O que vou fazer melhor amanhã?

Coisas legais que aconteceram hoje

1. ______
2. ______
3. ______

S T Q Q S S D ___/___/______

Sou grato por...

1. ____________________
2. ____________________
3. ____________________

Deixarei meu dia ótimo assim:

Afirmação positiva

Pense no que você tem, selecione as melhores coisas e então pondere se as teria procurado com afinco caso não as tivesse.

MARCO AURÉLIO

Qual boa ação pratiquei hoje?

O que vou fazer melhor amanhã?

Coisas legais que aconteceram hoje

1. ____________________
2. ____________________
3. ____________________

S T Q Q S S D ___/___/______

Sou grato por...

1. __________
2. __________
3. __________

Deixarei meu dia ótimo assim:

Afirmação positiva

A maioria das pessoas superestima o que é capaz de fazer em um ano e subestima o que pode alcançar em dez.[67]

BILL GATES

Qual boa ação pratiquei hoje?

O que vou fazer melhor amanhã?

Coisas legais que aconteceram hoje

1. __________
2. __________
3. __________

S T Q Q S S D ___/___/_____

Sou grato por...

1.
2.
3.

Deixarei meu dia ótimo assim:

Afirmação positiva

Use os talentos que você tem. As florestas seriam silenciosas se apenas os pássaros mais talentosos cantassem.
HENRY VON DYKE

Qual boa ação pratiquei hoje?

O que vou fazer melhor amanhã?

Coisas legais que aconteceram hoje

1.
2.
3.

S T Q Q S S D __/__/____

Sou grato por...

1.
2.
3.

Deixarei meu dia ótimo assim:

Afirmação positiva

Não estrague o que você tem desejando o que não tem; lembre-se de que o que você tem agora um dia esteve entre as coisas que apenas esperava ter. EPICURO

Qual boa ação pratiquei hoje?

O que vou fazer melhor amanhã?

Coisas legais que aconteceram hoje

1.
2.
3.

S T Q Q S S D __/__/____

Sou grato por...

1.

2.

3.

Deixarei meu dia ótimo assim:

Afirmação positiva

A melhor maneira de ter amigos
é você mesmo ser um deles.
RALPH WALDO EMERSON

Qual boa ação pratiquei hoje?

O que vou fazer melhor amanhã?

Coisas legais que aconteceram hoje

1.

2.

3.

Três semanas

... já está mais do que na hora de comemorar!

Se chegou até aqui, podemos supor que você está interessado em fazer algo muito especial com sua vida – e vai conseguir. Parabéns!

Quando foi a última vez que dedicou alguns minutos para sentir orgulho de quem você é? Faça isso agora. Dê um descanso ao seu crítico interior e se dê de presente algo agradável. Seja ousado ao explicar em que aspectos você é uma pessoa legal e celebre.

Como você é humano e pode falhar, talvez fique alguns dias sem preencher o diário. Se isso não acontecer, ótimo! Mas, caso aconteça, é aconselhável manter-se afastado da mentalidade do tudo ou nada, já que, muitas vezes, ela não traz nenhum progresso e ainda produz peso na consciência.

Em vez de se sentir mal por não ter usado o diário, você pode se permitir responder apenas às suas perguntas favoritas ou reduzir o número de registros por pergunta. Permita-se fazer um pouco menos e assim que for possível retome a rotina dos seis minutos.

> “*Não deixe para amanhã o que você pode começar hoje.*
>
> PROVÉRBIO ALEMÃO

AS CINCO PERGUNTAS DA SEMANA

Quando você pensa na palavra "bem-sucedido", quem são as duas pessoas que lhe vêm à mente e por quê? O que o sucesso significa para você?

A distinção entre pontos fortes e fracos às vezes é uma questão de perspectiva: qual de seus supostos pontos fracos poderia ser um ponto forte e por quê?

Houve uma situação que quase o fez desistir de algo? Como você se sentiu? E o que aconteceu para que você persistisse?

O que você faria se pudesse mudar de gênero por um dia? O que teria vontade de experimentar?

Quem é a pessoa que mais faz você rir? E o que mais faz você rir?

ANOTAÇÕES DA SEMANA

S T Q Q S S D ___/___/______

Sou grato por...

1. ______
2. ______
3. ______

Deixarei meu dia ótimo assim:

Afirmação positiva

Desafio da semana: Quem teve maior influência positiva sobre você? Conte isso a essa pessoa e diga a ela como é grato. Faça isso pessoalmente ou, pelo menos, por telefone.

Qual boa ação pratiquei hoje?

O que vou fazer melhor amanhã?

Coisas legais que aconteceram hoje

1. ______
2. ______
3. ______

S T Q Q S S D ___/___/______

Sou grato por...

1.
2.
3.

Deixarei meu dia ótimo assim:

Afirmação positiva

Não são as coisas em si que nos preocupam, mas as ideias e opiniões que temos a respeito delas.
EPICTETO

Qual boa ação pratiquei hoje?

O que vou fazer melhor amanhã?

Coisas legais que aconteceram hoje

1.
2.
3.

S T Q Q S S D ___/___/______

Sou grato por...

1. ______________________________
2. ______________________________
3. ______________________________

Deixarei meu dia ótimo assim:

Afirmação positiva

É mais importante fazer a coisa certa do que fazer algo corretamente.[68]

PETER DRUCKER

Qual boa ação pratiquei hoje?

O que vou fazer melhor amanhã?

Coisas legais que aconteceram hoje

1. ______________________________
2. ______________________________
3. ______________________________

S T Q Q S S D __/__/_____

Sou grato por...

1. _____
2. _____
3. _____

Deixarei meu dia ótimo assim:

Afirmação positiva

Na vida, assim como no teatro, não importa a duração da peça, mas a qualidade da encenação.
SÊNECA

Qual boa ação pratiquei hoje?

O que vou fazer melhor amanhã?

Coisas legais que aconteceram hoje

1. _____
2. _____
3. _____

S T Q Q S S D ___/___/_____

Sou grato por...

1. ______
2. ______
3. ______

Deixarei meu dia ótimo assim:

Afirmação positiva

O homem que moveu a montanha foi o mesmo que começou carregando pequenas pedras.
PROVÉRBIO CHINÊS

Qual boa ação pratiquei hoje?

O que vou fazer melhor amanhã?

Coisas legais que aconteceram hoje

1. ______
2. ______
3. ______

S T Q Q S S D __/__/____

Sou grato por...

1.
2.
3.

Deixarei meu dia ótimo assim:

Afirmação positiva

É belo dar quando solicitado; é mais belo, porém, dar sem ser solicitado, apenas por haver compreendido a necessidade do outro.

KHALIL GIBRAN

Qual boa ação pratiquei hoje?

O que vou fazer melhor amanhã?

Coisas legais que aconteceram hoje

1.
2.
3.

S T Q Q S S D ___/___/______

Sou grato por...

1. ______
2. ______
3. ______

Deixarei meu dia ótimo assim:

Afirmação positiva

Pessoas gratas são como campos férteis. Elas devolvem dez vezes o que receberam.
AUGUST VON KOTZEBUE

Qual boa ação pratiquei hoje?

O que vou fazer melhor amanhã?

Coisas legais que aconteceram hoje

1. ______
2. ______
3. ______

AS CINCO PERGUNTAS DA SEMANA

Quanto tempo se passou desde que você fez algo que ninguém (nem mesmo você) esperava que fizesse? Como você se sentiu?

Qual hábito ruim rouba sua qualidade de vida e por qual hábito positivo pode substituí-lo? Use o controle de hábitos na página 141 para criar esse novo hábito.

Com que você se divertia quando era criança?

Do que você gostaria que os outros se lembrassem após sua morte quando pensarem em você? E, se é isso que vale a pena no fim das contas, qual a importância disso agora?

Se você pudesse se mudar para outro lugar, para onde gostaria de ir e por quê?

ANOTAÇÕES DA SEMANA

A CHECAGEM DO MÊS

Humor geral	1	2	3	4	5	6	7	8	9	10
Gratidão	1	2	3	4	5	6	7	8	9	10
Atenção plena	1	2	3	4	5	6	7	8	9	10
Família	1	2	3	4	5	6	7	8	9	10
Amigos	1	2	3	4	5	6	7	8	9	10
Parceria	1	2	3	4	5	6	7	8	9	10
Diversão	1	2	3	4	5	6	7	8	9	10
Calma e serenidade	1	2	3	4	5	6	7	8	9	10
Tempo para si mesmo	1	2	3	4	5	6	7	8	9	10
Alimentação saudável	1	2	3	4	5	6	7	8	9	10
Beber água	1	2	3	4	5	6	7	8	9	10
Atividades físicas	1	2	3	4	5	6	7	8	9	10
Sair de casa	1	2	3	4	5	6	7	8	9	10
Saúde	1	2	3	4	5	6	7	8	9	10
Criatividade	1	2	3	4	5	6	7	8	9	10
Finanças	1	2	3	4	5	6	7	8	9	10
Trabalho e formação	1	2	3	4	5	6	7	8	9	10
Pensamentos e emoções	1	2	3	4	5	6	7	8	9	10
O presente	1	2	3	4	5	6	7	8	9	10
O futuro	1	2	3	4	5	6	7	8	9	10

O CONTROLE DE HÁBITOS

HÁBITO: ____________________

1	2	3	4	5	6	7	8	9	10	11	12	13	14	15	16
17	18	19	20	21	22	23	24	25	26	27	28	29	30	31	

HÁBITO: ____________________

1	2	3	4	5	6	7	8	9	10	11	12	13	14	15	16
17	18	19	20	21	22	23	24	25	26	27	28	29	30	31	

HÁBITO: ____________________

1	2	3	4	5	6	7	8	9	10	11	12	13	14	15	16
17	18	19	20	21	22	23	24	25	26	27	28	29	30	31	

S T Q Q S S D ___/___/______

Sou grato por...

1. ______
2. ______
3. ______

Deixarei meu dia ótimo assim:

Afirmação positiva

Desafio da semana: Não consuma nenhuma bebida alcoólica nesta semana. Caso não consiga, deixe de consumir qualquer tipo de bebida que contenha açúcar (suco de frutas, refrigerantes, leite).

Qual boa ação pratiquei hoje?

O que vou fazer melhor amanhã?

Coisas legais que aconteceram hoje

1. ______
2. ______
3. ______

S T Q Q S S D ___/___/______

Sou grato por...

1.

2.

3.

Deixarei meu dia ótimo assim:

Afirmação positiva

Só alcançaremos o futuro que almejamos se tivermos a visão dele.[69]

PER DALIN

Qual boa ação pratiquei hoje?

O que vou fazer melhor amanhã?

Coisas legais que aconteceram hoje

1.

2.

3.

S T Q Q S S D __/__/____

Sou grato por...

1.
2.
3.

Deixarei meu dia ótimo assim:

Afirmação positiva

Ventos favoráveis só podem ser aproveitados por quem sabe aonde deseja ir.
OSCAR WILDE

Qual boa ação pratiquei hoje?

O que vou fazer melhor amanhã?

Coisas legais que aconteceram hoje

1.
2.
3.

S T Q Q S S D ___/___/______

Sou grato por...

1.
2.
3.

Deixarei meu dia ótimo assim:

Afirmação positiva

O ontem já passou, o amanhã ainda não está aqui. Portanto, viva o hoje!
PITÁGORAS DE SAMOS

Qual boa ação pratiquei hoje?

O que vou fazer melhor amanhã?

Coisas legais que aconteceram hoje

1.
2.
3.

S T Q Q S S D ___/___/______

Sou grato por...

1.
2.
3.

Deixarei meu dia ótimo assim:

Afirmação positiva

A maioria das pessoas é tão feliz quanto se propõe a ser.
ABRAHAM LINCOLN

Qual boa ação pratiquei hoje?

O que vou fazer melhor amanhã?

Coisas legais que aconteceram hoje

1.
2.
3.

S T Q Q S S D ___/___/______

Sou grato por...

1. ______
2. ______
3. ______

Deixarei meu dia ótimo assim:

Afirmação positiva

Se encontramos alguém que nos deve um agradecimento, lembramos disso no ato. Com que frequência encontramos alguém a quem devemos graças sem sentir culpa alguma? JOHANN WOLFGANG VON GOETHE

Qual boa ação pratiquei hoje?

O que vou fazer melhor amanhã?

Coisas legais que aconteceram hoje

1. ______
2. ______
3. ______

S T Q Q S S D __/__/____

Sou grato por...

1. __________
2. __________
3. __________

Deixarei meu dia ótimo assim:

____

____

____

____

____

Afirmação positiva

____

____

Reconhecer a si mesmo e levar uma vida saudável é benéfico para todos.
HERÁCLITO

Qual boa ação pratiquei hoje?

____

____

O que vou fazer melhor amanhã?

____

____

Coisas legais que aconteceram hoje

1. __________
2. __________
3. __________

AS CINCO PERGUNTAS DA SEMANA

Se eu digo "vida", por exemplo, o que você responde? Não pense muito, basta anotar as primeiras palavras que lhe vierem à mente, sem censura. Permita-se ser surpreendido.

Vida:

Humor:

Medo:

Amor:

Tristeza:

Honestidade:

Futuro:

Quais são os dois pensamentos que você tem tido com maior frequência?

Qual é a melhor coisa em ficar mais velho?

Quem são as três ou quatro pessoas mais importantes em sua vida atualmente? Quem eram essas pessoas há dez anos?

Se você tivesse que fazer um discurso para um público de 100 mil pessoas sobre um tema de sua escolha, sobre o que falaria?

S T Q Q S S D ___/___/______

Sou grato por...

1. ___
2. ___
3. ___

Deixarei meu dia ótimo assim:

Afirmação positiva

Desafio da semana
Dê a um sem-teto algo para comer ou beber.

Qual boa ação pratiquei hoje?

O que vou fazer melhor amanhã?

Coisas legais que aconteceram hoje

1. ___
2. ___
3. ___

S T Q Q S S D ___/___/______

Sou grato por...

1. ______
2. ______
3. ______

Deixarei meu dia ótimo assim:

Afirmação positiva

A amizade verdadeira é uma planta que cresce muito lentamente.
GEORGE WASHINGTON

Qual boa ação pratiquei hoje?

O que vou fazer melhor amanhã?

Coisas legais que aconteceram hoje

1. ______
2. ______
3. ______

S T Q Q S S D ___/___/______

Sou grato por...

1. ______
2. ______
3. ______

Deixarei meu dia ótimo assim:

Afirmação positiva

Não há caminhos para a felicidade.
A felicidade é o caminho.
BUDA

Qual boa ação pratiquei hoje?

O que vou fazer melhor amanhã?

Coisas legais que aconteceram hoje

1. ______
2. ______
3. ______

S T Q Q S S D __/__/____

Sou grato por...

1.
2.
3.

Deixarei meu dia ótimo assim:

Afirmação positiva

Se comemorássemos todos os dias do ano, divertir-se seria tão enfadonho quanto trabalhar.
WILLIAM SHAKESPEARE

Qual boa ação pratiquei hoje?

O que vou fazer melhor amanhã?

Coisas legais que aconteceram hoje

1.
2.
3.

S T Q Q S S D __/__/____

Sou grato por...

1. ____________________
2. ____________________
3. ____________________

Deixarei meu dia ótimo assim:

Afirmação positiva

A vida é uma grande tela. Pinte-a da forma mais colorida que puder.[70]

DANNY KAYE

Qual boa ação pratiquei hoje?

O que vou fazer melhor amanhã?

Coisas legais que aconteceram hoje

1. ____________________
2. ____________________
3. ____________________

S T Q Q S S D ___/___/______

Sou grato por...

1.
2.
3.

Deixarei meu dia ótimo assim:

Afirmação positiva

Quem nunca volta atrás numa opinião ama mais a si mesmo do que a verdade.
JOSEPH JOUBERT

Qual boa ação pratiquei hoje?

O que vou fazer melhor amanhã?

Coisas legais que aconteceram hoje

1.
2.
3.

S T Q Q S S D ___/___/______

Sou grato por...

1. ___
2. ___
3. ___

Deixarei meu dia ótimo assim:

Afirmação positiva

Dizer sempre a verdade não lhe trará muitos amigos, mas, em compensação, lhe trará os amigos certos.
AUTOR DESCONHECIDO

Qual boa ação pratiquei hoje?

O que vou fazer melhor amanhã?

Coisas legais que aconteceram hoje

1. ___
2. ___
3. ___

AS CINCO PERGUNTAS DA SEMANA

Qual sonho você já realizou? Qual tem mais pressa de alcançar nos próximos anos e por que ele é tão importante? Em direção de qual marco concreto você pode trabalhar agora? Quais são os dois pensamentos que você tem tido com maior frequência?

O que você mais valoriza numa amizade? Você preenche os requisitos que mais preza em alguém?

O que faria se soubesse que só tem um ano de vida?

Você pode usar um outdoor gigantesco de 100 metros de largura e colocá-lo onde quiser. O que anunciaria nele e por quê?

Descreva algo que você adquiriu por menos de 100 reais nos últimos seis meses e que teve o impacto mais positivo em seu cotidiano.

ANOTAÇÕES DA SEMANA

S T Q Q S S D ___/___/______

Sou grato por...

1. ____________________
2. ____________________
3. ____________________

Deixarei meu dia ótimo assim:

Afirmação positiva

Desafio da semana: Você está proibido de dar desculpas. Esta semana, procure responsabilizar-se integralmente por seus atos, sem culpar os outros ou as circunstâncias externas.

Qual boa ação pratiquei hoje?

O que vou fazer melhor amanhã?

Coisas legais que aconteceram hoje

1. ____________________
2. ____________________
3. ____________________

S T Q Q S S D ___/___/______

Sou grato por...

1.
2.
3.

Deixarei meu dia ótimo assim:

Afirmação positiva

Quem quiser chegar à fonte precisa nadar contra a correnteza.
PROVÉRBIO CHINÊS

Qual boa ação pratiquei hoje?

O que vou fazer melhor amanhã?

Coisas legais que aconteceram hoje

1.
2.
3.

S T Q Q S S D __/__/____

Sou grato por...

1. ____________________
2. ____________________
3. ____________________

Deixarei meu dia ótimo assim:

Afirmação positiva

É melhor encarar as coisas pela metade
do que hesitar por completo.
THOMAS A. EDISON

Qual boa ação pratiquei hoje?

O que vou fazer melhor amanhã?

Coisas legais que aconteceram hoje

1. ____________________
2. ____________________
3. ____________________

S T Q Q S S D __/__/____

Sou grato por...

1. ________
2. ________
3. ________

Deixarei meu dia ótimo assim:

Afirmação positiva

Tudo que fazemos por nós mesmos fazemos também pelos outros; e tudo que fazemos pelos outros fazemos também por nós mesmos.

THICH NHAT HANH

Qual boa ação pratiquei hoje?

O que vou fazer melhor amanhã?

Coisas legais que aconteceram hoje

1. ________
2. ________
3. ________

S T Q Q S S D ___/___/______

Sou grato por...

1. ______
2. ______
3. ______

Deixarei meu dia ótimo assim:

Afirmação positiva

Você pode começar a viver agora da maneira como, no fim da vida, desejará ter vivido.
MARCO AURÉLIO

Qual boa ação pratiquei hoje?

O que vou fazer melhor amanhã?

Coisas legais que aconteceram hoje

1. ______
2. ______
3. ______

S T Q Q S S D ___/___/______

Sou grato por...

1. ______
2. ______
3. ______

Deixarei meu dia ótimo assim:

Afirmação positiva

Se tudo que você tenta dá certo, é porque não está tentando o suficiente.[71]
GORDON MOORE

Qual boa ação pratiquei hoje?

O que vou fazer melhor amanhã?

Coisas legais que aconteceram hoje

1. ______
2. ______
3. ______

S T Q Q S S D ___/___/______

Sou grato por...

1. ______
2. ______
3. ______

Deixarei meu dia ótimo assim:

______

Afirmação positiva

______

Cada situação difícil que você dominar agora lhe será poupada no futuro.[72]
DALAI LAMA

Qual boa ação pratiquei hoje?

______

O que vou fazer melhor amanhã?

______

Coisas legais que aconteceram hoje

1. ______
2. ______
3. ______

AS CINCO PERGUNTAS DA SEMANA

Quando fecha os olhos e se imagina daqui a dez e vinte anos, o que você vê? Vai ser muito interessante ler no futuro o que você escreveu aqui...

Daqui a dez anos:

Daqui a vinte anos:

O que entusiasma você na cidade em que vive?

Com qual idade você foi mais feliz até hoje? O que era tão especial nessa época?

O que restaria de você sem seus bens materiais e seus relacionamentos?

Qual foi a coisa mais linda que você já viu até hoje?

ANOTAÇÕES DA SEMANA

S T Q Q S S D ___/___/______

Sou grato por...

1. ______
2. ______
3. ______

Deixarei meu dia ótimo assim:

Afirmação positiva

Desafio da semana
De quem é a opinião que você mais valoriza?
Pergunte a essa pessoa como você pode melhorar.

Qual boa ação pratiquei hoje?

O que vou fazer melhor amanhã?

Coisas legais que aconteceram hoje

1. ______
2. ______
3. ______

S T Q Q S S D ___/___/______

Sou grato por...

1. ____

2. ____

3. ____

Deixarei meu dia ótimo assim:

Afirmação positiva

Sou grato não porque isso seja vantajoso,
mas porque me deixa feliz.
SÊNECA

Qual boa ação pratiquei hoje?

O que vou fazer melhor amanhã?

Coisas legais que aconteceram hoje

1. ____

2. ____

3. ____

S T Q Q S S D __/__/____

Sou grato por...

1. ____________________
2. ____________________
3. ____________________

Deixarei meu dia ótimo assim:

Afirmação positiva

Pense mais no que você tem
do que naquilo que lhe falta.
MARCO AURÉLIO

Qual boa ação pratiquei hoje?

O que vou fazer melhor amanhã?

Coisas legais que aconteceram hoje

1. ____________________
2. ____________________
3. ____________________

S T Q Q S S D ___/___/_____

Sou grato por...

1. ______
2. ______
3. ______

Deixarei meu dia ótimo assim:

Afirmação positiva

Velhos amigos são como vinho. Tornam-se cada vez melhores e, quanto mais o tempo passa, mais aprendemos a valorizar esse bem infinito. SÃO FRANCISCO DE ASSIS

Qual boa ação pratiquei hoje?

O que vou fazer melhor amanhã?

Coisas legais que aconteceram hoje

1. ______
2. ______
3. ______

S T Q Q S S D ___/___/_____

Sou grato por...

1. ______
2. ______
3. ______

Deixarei meu dia ótimo assim:

Afirmação positiva

O mundo abre caminho para deixar passar quem sabe aonde está indo.
DAVID STARR JORDAN

Qual boa ação pratiquei hoje?

O que vou fazer melhor amanhã?

Coisas legais que aconteceram hoje

1. ______
2. ______
3. ______

S T Q Q S S D __/__/____

Sou grato por...

1.
2.
3.

Deixarei meu dia ótimo assim:

Afirmação positiva

Precisamos de dois anos para aprender a falar e de cinquenta para aprender a permanecer em silêncio.
ERNEST HEMINGWAY

Qual boa ação pratiquei hoje?

O que vou fazer melhor amanhã?

Coisas legais que aconteceram hoje

1.
2.
3.

S T Q Q S S D ___/___/______

Sou grato por...

1.
2.
3.

Deixarei meu dia ótimo assim:

Afirmação positiva

Nenhuma dívida é mais urgente do que a de dizer obrigado.
MARCO TÚLIO CÍCERO

Qual boa ação pratiquei hoje?

O que vou fazer melhor amanhã?

Coisas legais que aconteceram hoje

1.
2.
3.

AS CINCO PERGUNTAS DA SEMANA

Pense em algo ou em alguém importante que você perdeu recentemente. O que aprendeu de positivo com essa experiência?

Quais foram seus maiores objetivos nos últimos anos? Em que medida buscá-los melhorou sua vida? Esses objetivos eram algo que você queria alcançar de fato ou eram metas que você achava que "deveria ter"?

Imagine que hoje você recebeu uma carta da sua versão 10 anos mais velha. Qual conselho sobre o futuro esse seu "eu" daria a você?

Quais são as três coisas que você mais gosta de fazer com seu parceiro ou sua parceira quando está num relacionamento?

Como descreveria numa frase seu último ano?

ANOTAÇÕES DA SEMANA

A CHECAGEM DO MÊS

Humor geral	1	2	3	4	5	6	7	8	9	10
Gratidão	1	2	3	4	5	6	7	8	9	10
Atenção plena	1	2	3	4	5	6	7	8	9	10
Família	1	2	3	4	5	6	7	8	9	10
Amigos	1	2	3	4	5	6	7	8	9	10
Parceria	1	2	3	4	5	6	7	8	9	10
Diversão	1	2	3	4	5	6	7	8	9	10
Calma e serenidade	1	2	3	4	5	6	7	8	9	10
Tempo para si mesmo	1	2	3	4	5	6	7	8	9	10
Alimentação saudável	1	2	3	4	5	6	7	8	9	10
Beber água	1	2	3	4	5	6	7	8	9	10
Atividades físicas	1	2	3	4	5	6	7	8	9	10
Sair de casa	1	2	3	4	5	6	7	8	9	10
Saúde	1	2	3	4	5	6	7	8	9	10
Criatividade	1	2	3	4	5	6	7	8	9	10
Finanças	1	2	3	4	5	6	7	8	9	10
Trabalho e formação	1	2	3	4	5	6	7	8	9	10
Pensamentos e emoções	1	2	3	4	5	6	7	8	9	10
O presente	1	2	3	4	5	6	7	8	9	10
O futuro	1	2	3	4	5	6	7	8	9	10

O CONTROLE DE HÁBITOS

HÁBITO: ____________________

1	2	3	4	5	6	7	8	9	10	11	12	13	14	15	16
17	18	19	20	21	22	23	24	25	26	27	28	29	30	31	

HÁBITO: ____________________

1	2	3	4	5	6	7	8	9	10	11	12	13	14	15	16
17	18	19	20	21	22	23	24	25	26	27	28	29	30	31	

HÁBITO: ____________________

1	2	3	4	5	6	7	8	9	10	11	12	13	14	15	16
17	18	19	20	21	22	23	24	25	26	27	28	29	30	31	

S T Q Q S S D ___/___/_____

Sou grato por...

1. ______
2. ______
3. ______

Deixarei meu dia ótimo assim:

Afirmação positiva

Desafio da semana
Escolha um dia para não utilizar nenhum dispositivo eletrônico em seu tempo livre.

Qual boa ação pratiquei hoje?

O que vou fazer melhor amanhã?

Coisas legais que aconteceram hoje

1. ______
2. ______
3. ______

S T Q Q S S D ___/___/_____

Sou grato por...

1. ______
2. ______
3. ______

Deixarei meu dia ótimo assim:

Afirmação positiva

Quem acredita que é possível conseguir qualquer coisa com dinheiro levanta a suspeita de estar disposto a fazer qualquer coisa por dinheiro. BENJAMIN FRANKLIN

Qual boa ação pratiquei hoje?

O que vou fazer melhor amanhã?

Coisas legais que aconteceram hoje

1. ______
2. ______
3. ______

S T Q Q S S D __/__/____

Sou grato por...

1.
2.
3.

Deixarei meu dia ótimo assim:

Afirmação positiva

A felicidade consiste em encontrar a medida certa numa vida que tende a ser desmedida.
LEONARDO DA VINCI

Qual boa ação pratiquei hoje?

O que vou fazer melhor amanhã?

Coisas legais que aconteceram hoje

1.
2.
3.

S T Q Q S S D ___/___/______

Sou grato por...

1.
2.
3.

Deixarei meu dia ótimo assim:

Afirmação positiva

Não somos responsáveis apenas pelo que fazemos,
mas também pelo que não fazemos.
LAO TSÉ

Qual boa ação pratiquei hoje?

O que vou fazer melhor amanhã?

Coisas legais que aconteceram hoje

1.
2.
3.

S T Q Q S S D __/__/____

Sou grato por...

1.
2.
3.

Deixarei meu dia ótimo assim:

Afirmação positiva

Do cuidado com pensamentos e hábitos felizes surge uma vida feliz.[73]
NORMAN VINCENT PEALE

Qual boa ação pratiquei hoje?

O que vou fazer melhor amanhã?

Coisas legais que aconteceram hoje

1.
2.
3.

S T Q Q S S D ___/___/______

Sou grato por...

1.
2.
3.

Deixarei meu dia ótimo assim:

Afirmação positiva

Ninguém sabe do que é capaz
até que tenha tentado.
PUBLÍLIO SIRO

Qual boa ação pratiquei hoje?

O que vou fazer melhor amanhã?

Coisas legais que aconteceram hoje

1.
2.
3.

S T Q Q S S D ___/___/______

Sou grato por...

1.
2.
3.

Deixarei meu dia ótimo assim:

Afirmação positiva

Ninguém consegue ser feliz se suas ações não corresponderem às suas crenças.
RALPH WALDO EMERSON

Qual boa ação pratiquei hoje?

O que vou fazer melhor amanhã?

Coisas legais que aconteceram hoje

1.
2.
3.

AS CINCO PERGUNTAS DA SEMANA

Quem é seu maior exemplo e por quê?

Se tivesse férias de seis meses a partir de hoje, o que você faria?

Em que você se diferencia da maioria das pessoas?
Como você sente essas diferenças?

"Caramba, esqueci completamente de almoçar!" Em qual atividade você fica tão imerso que pode se esquecer de comer ou ir ao banheiro?

Você acredita na vida após a morte? Se sim, como imagina que seja? Se não, gostaria de acreditar?

ANOTAÇÕES DA SEMANA

S T Q Q S S D ___/___/_____

Sou grato por...

1. ______
2. ______
3. ______

Deixarei meu dia ótimo assim:

______

______

______

______

______

Afirmação positiva

______

______

Desafio da semana
Cumprimente um desconhecido todos os dias com um sorriso e uma saudação.

Qual boa ação pratiquei hoje?

______

______

O que vou fazer melhor amanhã?

______

______

Coisas legais que aconteceram hoje

1. ______
2. ______
3. ______

S T Q Q S S D ___/___/______

Sou grato por...

1.
2.
3.

Deixarei meu dia ótimo assim:

Afirmação positiva

Se quiser recomeçar, faça isso imediatamente, porque uma dificuldade superada evita cem outras.
CONFÚCIO

Qual boa ação pratiquei hoje?

O que vou fazer melhor amanhã?

Coisas legais que aconteceram hoje

1.
2.
3.

S T Q Q S S D ___/___/______

Sou grato por...

1.
2.
3.

Deixarei meu dia ótimo assim:

Afirmação positiva

Na maioria das vezes, só é possível compreender a vida em retrospecto. E, no entanto, só é possível viver olhando para a frente.

SØREN KIERKEGAARD

Qual boa ação pratiquei hoje?

O que vou fazer melhor amanhã?

Coisas legais que aconteceram hoje

1.
2.
3.

66 dias

... *O Diário dos 6 minutos agora faz parte de você*

Ao ler estas linhas, você entra no pequeno círculo de pessoas que fazem parte dele, o círculo das mulheres e dos homens de ação. Orgulhe-se de si mesmo! Folheie as páginas escritas e aproveite as lembranças, as emoções, cada objetivo que você alcançou até agora.

Você vem utilizando o *Diário dos 6 minutos* há 66 dias e agora é um bom momento para repousar sobre os louros colhidos. Como você já leu nos Fundamentos, novos hábitos se estabelecem após 66 dias.

A partir de hoje, o *Diário dos 6 minutos* é seu!

> “*Não há nada de bom, a não ser que você mesmo faça.*
>
> ERICH KÄSTNER

É claro que não se pode cravar esse período, mas a mensagem que de fato importa é: você está no caminho certo!

> “*O hábito se torna algo quase instintivo.*
>
> MARCO TÚLIO CÍCERO

S T Q Q S S D ___/___/______

Sou grato por...

1. ______
2. ______
3. ______

Deixarei meu dia ótimo assim:

Afirmação positiva

Nem todas as pessoas são capazes de grandes feitos. Mas todos nós podemos fazer pequenas coisas com muito amor.[74]
MADRE TERESA DE CALCUTÁ

Qual boa ação pratiquei hoje?

O que vou fazer melhor amanhã?

Coisas legais que aconteceram hoje

1. ______
2. ______
3. ______

S T Q Q S S D ___/___/_____

Sou grato por...

1. ______
2. ______
3. ______

Deixarei meu dia ótimo assim:

Afirmação positiva

O extraordinário não acontece
de uma maneira suave e comum.
JOHANN WOLFGANG VON GOETHE

Qual boa ação pratiquei hoje?

O que vou fazer melhor amanhã?

Coisas legais que aconteceram hoje

1. ______
2. ______
3. ______

S T Q Q S S D __/__/____

Sou grato por...

1. _____
2. _____
3. _____

Deixarei meu dia ótimo assim:

Afirmação positiva

Nada que resulta no progresso humano recebe a aprovação de todos.
CRISTÓVÃO COLOMBO

Qual boa ação pratiquei hoje?

O que vou fazer melhor amanhã?

Coisas legais que aconteceram hoje

1. _____
2. _____
3. _____

S T Q Q S S D __/__/____

Sou grato por...

1. ____________
2. ____________
3. ____________

Deixarei meu dia ótimo assim:

Afirmação positiva

Se dá medo, talvez valha a tentativa.[75]

SETH GODIN

Qual boa ação pratiquei hoje?

O que vou fazer melhor amanhã?

Coisas legais que aconteceram hoje

1. ____________
2. ____________
3. ____________

AS CINCO PERGUNTAS DA SEMANA

Qual meta você deseja alcançar no ano que vem? O que acha que vai mudar depois de tê-la atingido? Suas ações a curto prazo estão de acordo com sua meta a longo prazo?

Qual foi seu último grande erro e qual é seu "erro favorito"? O que você aprendeu com ele?

Você aproveita o tempo que passa com as pessoas que ama? Como demonstra a elas o quanto são importantes para você?

Qual foi o presente mais bonito que você já ganhou? Com qual presente você acha que seria capaz de deixar alguém muito feliz?

O que você mais gostaria de ser e por quê: incrivelmente atraente, um gênio fora de série ou um bilionário filantropo?

ANOTAÇÕES DA SEMANA

S T Q Q S S D __/__/____

Sou grato por...

1.
2.
3.

Deixarei meu dia ótimo assim:

Afirmação positiva

Desafio da semana
Faça uma caminhada de dez minutos todos os dias sem o celular – ou com ele no modo avião.

Qual boa ação pratiquei hoje?

O que vou fazer melhor amanhã?

Coisas legais que aconteceram hoje

1.
2.
3.

S T Q Q S S D ___/___/______

Sou grato por...

1. ______
2. ______
3. ______

Deixarei meu dia ótimo assim:

Afirmação positiva

Lembre que não receber o que você deseja pode às vezes ser um feliz acaso.[76]
DALAI LAMA

Qual boa ação pratiquei hoje?

O que vou fazer melhor amanhã?

Coisas legais que aconteceram hoje

1. ______
2. ______
3. ______

S T Q Q S S D ___/___/_____

Sou grato por...

1. ______
2. ______
3. ______

Deixarei meu dia ótimo assim:

Afirmação positiva

A coragem se encontra no início da ação;
a felicidade, no fim.
DEMÓCRITO

Qual boa ação pratiquei hoje?

O que vou fazer melhor amanhã?

Coisas legais que aconteceram hoje

1. ______
2. ______
3. ______

S T Q Q S S D ___/___/_____

Sou grato por...

1. ______
2. ______
3. ______

Deixarei meu dia ótimo assim:

Afirmação positiva

A menor distância entre duas pessoas é o sorriso.

PROVÉRBIO CHINÊS

Qual boa ação pratiquei hoje?

O que vou fazer melhor amanhã?

Coisas legais que aconteceram hoje

1. ______
2. ______
3. ______

S T Q Q S S D ___/___/______

Sou grato por...

1. ______
2. ______
3. ______

Deixarei meu dia ótimo assim:

Afirmação positiva

Gentileza em palavras gera confiança; gentileza em pensamentos gera profundidade; gentileza na doação gera amor.
KHALIL GIBRAN

Qual boa ação pratiquei hoje?

O que vou fazer melhor amanhã?

Coisas legais que aconteceram hoje

1. ______
2. ______
3. ______

S T Q Q S S D ___/___/_____

Sou grato por...

1. ____
2. ____
3. ____

Deixarei meu dia ótimo assim:

Afirmação positiva

Para cada coisa que perdeu
você ganhou outra em seu lugar.
RALPH WALDO EMERSON

Qual boa ação pratiquei hoje?

O que vou fazer melhor amanhã?

Coisas legais que aconteceram hoje

1. ____
2. ____
3. ____

S T Q Q S S D ___/___/______

Sou grato por...

1. __________
2. __________
3. __________

Deixarei meu dia ótimo assim:

Afirmação positiva

Quem acredita não ter tempo para a atividade física uma hora ou outra vai precisar de tempo para ficar doente.
DITADO CHINÊS

Qual boa ação pratiquei hoje?

O que vou fazer melhor amanhã?

Coisas legais que aconteceram hoje

1. __________
2. __________
3. __________

AS CINCO PERGUNTAS DA SEMANA

Quais são as cinco razões pelas quais mais vale a pena viver?

Com o que você mais se estressa atualmente? Daqui a cinco anos, essas questões ainda vão ter alguma importância? E daqui a cinco semanas? E daqui a cinco dias?

Qual é a sua estratégia diária para lidar com o ritmo acelerado do dia a dia? De que maneira você relaxa diariamente?

Em quais áreas da vida você mudou de ideia nos últimos anos? Em que você se baseou para fazer essa mudança?

Com o que você gasta muito dinheiro atualmente? E com o que gasta bem pouco? Por quê?

ANOTAÇÕES DA SEMANA

S T Q Q S S D ___/___/______

Sou grato por...

1.
2.
3.

Deixarei meu dia ótimo assim:

Afirmação positiva

Desafio da semana
Peça desculpas a alguém com quem você cometeu alguma injustiça e admita que estava errado.

Qual boa ação pratiquei hoje?

O que vou fazer melhor amanhã?

Coisas legais que aconteceram hoje

1.
2.
3.

S T Q Q S S D ___/___/______

Sou grato por...

1. ______
2. ______
3. ______

Deixarei meu dia ótimo assim:

Afirmação positiva

Dance como se ninguém estivesse olhando. Ame como se nunca tivesse se decepcionado. Cante como se ninguém pudesse ouvi-lo. Viva como se o paraíso fosse na Terra. MARK TWAIN

Qual boa ação pratiquei hoje?

O que vou fazer melhor amanhã?

Coisas legais que aconteceram hoje

1. ______
2. ______
3. ______

S T Q Q S S D ___/___/_____

Sou grato por...

1. ______
2. ______
3. ______

Deixarei meu dia ótimo assim:

Afirmação positiva

Aprendi que pessoas sem vícios também têm poucas virtudes.
ABRAHAM LINCOLN

Qual boa ação pratiquei hoje?

O que vou fazer melhor amanhã?

Coisas legais que aconteceram hoje

1. ______
2. ______
3. ______

S T Q Q S S D __/__/____

Sou grato por...

1.
2.
3.

Deixarei meu dia ótimo assim:

Afirmação positiva

O homem não se engrandece na linha de chegada, mas no percurso até lá.

RALPH WALDO EMERSON

Qual boa ação pratiquei hoje?

O que vou fazer melhor amanhã?

Coisas legais que aconteceram hoje

1.
2.
3.

S T Q Q S S D ___/___/______

Sou grato por...

1.
2.
3.

Deixarei meu dia ótimo assim:

Afirmação positiva

Nada no mundo é tão contagiante quanto o riso e o bom humor.
CHARLES DICKENS

Qual boa ação pratiquei hoje?

O que vou fazer melhor amanhã?

Coisas legais que aconteceram hoje

1.
2.
3.

S T Q Q S S D __/__/____

Sou grato por...

1.
2.
3.

Deixarei meu dia ótimo assim:

Afirmação positiva

O ápice da felicidade é o momento em que o homem está pronto para ser o que ele é.
ERASMO DE ROTERDÃ

Qual boa ação pratiquei hoje?

O que vou fazer melhor amanhã?

Coisas legais que aconteceram hoje

1.
2.
3.

S T Q Q S S D __/__/____

Sou grato por...

1.
2.
3.

Deixarei meu dia ótimo assim:

Afirmação positiva

> ***Há uma diferença entre conhecer o caminho e trilhá-lo.***[77]
> MORPHEUS, EM *MATRIX*

Qual boa ação pratiquei hoje?

O que vou fazer melhor amanhã?

Coisas legais que aconteceram hoje

1.
2.
3.

AS CINCO PERGUNTAS DA SEMANA

Por que você escolheu a profissão que exerce atualmente e em que medida seu trabalho diário o satisfaz?

Como seu melhor amigo descreveria você em uma frase? Agora faça essa pergunta a ele e compare o que ele disse com o que você imaginava.

Se você pudesse realizar algo em sua vida pessoal com um estalar de dedos, o que seria? Que passo – ainda que pequeno – você poderia dar esta semana para transformar esse desejo em realidade?

Em que você acredita, ainda que os outros o considerem louco por isso? O que você acredita ser verdade, ainda que apenas algumas pessoas concordem?

Quais apelidos você já teve? Qual era o seu favorito e por quê?

ANOTAÇÕES DA SEMANA

A CHECAGEM DO MÊS

Humor geral	1	2	3	4	5	6	7	8	9	10
Gratidão	1	2	3	4	5	6	7	8	9	10
Atenção plena	1	2	3	4	5	6	7	8	9	10
Família	1	2	3	4	5	6	7	8	9	10
Amigos	1	2	3	4	5	6	7	8	9	10
Parceria	1	2	3	4	5	6	7	8	9	10
Diversão	1	2	3	4	5	6	7	8	9	10
Calma e serenidade	1	2	3	4	5	6	7	8	9	10
Tempo para si mesmo	1	2	3	4	5	6	7	8	9	10
Alimentação saudável	1	2	3	4	5	6	7	8	9	10
Beber água	1	2	3	4	5	6	7	8	9	10
Atividades físicas	1	2	3	4	5	6	7	8	9	10
Sair de casa	1	2	3	4	5	6	7	8	9	10
Saúde	1	2	3	4	5	6	7	8	9	10
Criatividade	1	2	3	4	5	6	7	8	9	10
Finanças	1	2	3	4	5	6	7	8	9	10
Trabalho e formação	1	2	3	4	5	6	7	8	9	10
Pensamentos e emoções	1	2	3	4	5	6	7	8	9	10
O presente	1	2	3	4	5	6	7	8	9	10
O futuro	1	2	3	4	5	6	7	8	9	10

O CONTROLE DE HÁBITOS

HÁBITO: ______________________________

1	2	3	4	5	6	7	8	9	10	11	12	13	14	15	16
17	18	19	20	21	22	23	24	25	26	27	28	29	30	31	

HÁBITO: ______________________________

1	2	3	4	5	6	7	8	9	10	11	12	13	14	15	16
17	18	19	20	21	22	23	24	25	26	27	28	29	30	31	

HÁBITO: ______________________________

1	2	3	4	5	6	7	8	9	10	11	12	13	14	15	16
17	18	19	20	21	22	23	24	25	26	27	28	29	30	31	

S T Q Q S S D ___/___/_____

Sou grato por...

1. ______
2. ______
3. ______

Deixarei meu dia ótimo assim:

Afirmação positiva

Desafio da semana: Qual filme você gostaria de ver e ainda não teve tempo? Reserve pelo menos duas horas esta semana para assistir a esse filme com toda a tranquilidade.

Qual boa ação pratiquei hoje?

O que vou fazer melhor amanhã?

Coisas legais que aconteceram hoje

1. ______
2. ______
3. ______

S T Q Q S S D ___/___/______

Sou grato por...

1.
2.
3.

Deixarei meu dia ótimo assim:

Afirmação positiva

Os caminhos surgem à medida que os trilhamos.
FRANZ KAFKA

Qual boa ação pratiquei hoje?

O que vou fazer melhor amanhã?

Coisas legais que aconteceram hoje

1.
2.
3.

S T Q Q S S D ___/___/______

Sou grato por...

1. __________
2. __________
3. __________

Deixarei meu dia ótimo assim:

Afirmação positiva

A maior das conquistas é ser você mesmo num mundo que quer a todo instante que você seja diferente.
RALPH WALDO EMERSON

Qual boa ação pratiquei hoje?

O que vou fazer melhor amanhã?

Coisas legais que aconteceram hoje

1. __________
2. __________
3. __________

S T Q Q S S D ___/___/______

Sou grato por...

1. ______
2. ______
3. ______

Deixarei meu dia ótimo assim:

Afirmação positiva

Deixe livre o que você ama.
Se ele voltar, é seu – para sempre.
CONFÚCIO

Qual boa ação pratiquei hoje?

O que vou fazer melhor amanhã?

Coisas legais que aconteceram hoje

1. ______
2. ______
3. ______

S T Q Q S S D ___/___/_____

Sou grato por...

1. ______
2. ______
3. ______

Deixarei meu dia ótimo assim:

______

______

______

______

______

Afirmação positiva

______

______

Qualquer tolo é capaz de criticar, condenar e reclamar – e a maioria deles tem esse tipo de atitude. Mas é preciso ter caráter e autocontrole para ser compreensivo e perdoar.[78] DALE CARNEGIE

Qual boa ação pratiquei hoje?

______

______

O que vou fazer melhor amanhã?

______

______

Coisas legais que aconteceram hoje

1. ______
2. ______
3. ______

S T Q Q S S D __/__/____

Sou grato por...

1. ____
2. ____
3. ____

Deixarei meu dia ótimo assim:

Afirmação positiva

Só há dois dias em que você não pode mudar nada. Um é o ontem, o outro é o amanhã.[79]

DALAI LAMA

Qual boa ação pratiquei hoje?

O que vou fazer melhor amanhã?

Coisas legais que aconteceram hoje

1. ____
2. ____
3. ____

S T Q Q S S D ___/___/______

Sou grato por...

1.
2.
3.

Deixarei meu dia ótimo assim:

Afirmação positiva

Se pudesse viver novamente, eu cometeria os mesmos erros. Mas um pouco mais cedo, para que eu tirasse mais proveito deles.[80]
MARLENE DIETRICH

Qual boa ação pratiquei hoje?

O que vou fazer melhor amanhã?

Coisas legais que aconteceram hoje

1.
2.
3.

AS CINCO PERGUNTAS DA SEMANA

Qual foi a fase mais difícil da sua vida e o que você aprendeu nessa época? De que maneira conseguiu evoluir com essa experiência?

O que mais o motiva a sair da cama pela manhã? Você é capaz de incorporar mais disso em sua vida?

Onde você se sente mais em casa? O que há de tão especial nesse lugar?

Se pudesse estar em algum momento do passado ou do futuro, qual seria ele e por quê?

Vamos falar sobre sexo. Quando você teve o melhor encontro sexual da sua vida? Por que foi o melhor?

ANOTAÇÕES DA SEMANA

S T Q Q S S D ___/___/______

Sou grato por...

1. ______
2. ______
3. ______

Deixarei meu dia ótimo assim:

Afirmação positiva

Desafio da semana: Que traço de personalidade você considera mais impressionante nas outras pessoas? Nesta semana, concentre-se em adotá-lo da melhor maneira possível.

Qual boa ação pratiquei hoje?

O que vou fazer melhor amanhã?

Coisas legais que aconteceram hoje

1. ______
2. ______
3. ______

S T Q Q S S D ___/___/______

Sou grato por...

1. ____________________
2. ____________________
3. ____________________

Deixarei meu dia ótimo assim:

Afirmação positiva

O problema não é a idade,
mas nossa atitude em relação a ela.
CÍCERO

Qual boa ação pratiquei hoje?

O que vou fazer melhor amanhã?

Coisas legais que aconteceram hoje

1. ____________________
2. ____________________
3. ____________________

S T Q Q S S D ___/___/______

Sou grato por...

1. ______
2. ______
3. ______

Deixarei meu dia ótimo assim:

______

Afirmação positiva

______

Feliz não é quem aparenta ser,
mas quem se considera assim.
SÊNECA

Qual boa ação pratiquei hoje?

______

O que vou fazer melhor amanhã?

______

Coisas legais que aconteceram hoje

1. ______
2. ______
3. ______

S T Q Q S S D __/__/____

Sou grato por...

1.
2.
3.

Deixarei meu dia ótimo assim:

Afirmação positiva

Nada na história da vida
é mais constante que a mudança.
CHARLES DARWIN

Qual boa ação pratiquei hoje?

O que vou fazer melhor amanhã?

Coisas legais que aconteceram hoje

1.
2.
3.

S T Q Q S S D __/__/____

Sou grato por...

1. ____
2. ____
3. ____

Deixarei meu dia ótimo assim:

Afirmação positiva

Vale a pena esperar por tudo
o que vale a pena ter.[81]
MARILYN MONROE

Qual boa ação pratiquei hoje?

O que vou fazer melhor amanhã?

Coisas legais que aconteceram hoje

1. ____
2. ____
3. ____

S T Q Q S S D ___/___/______

Sou grato por...

1.
2.
3.

Deixarei meu dia ótimo assim:

Afirmação positiva

Olhar apenas para o destino estraga a vontade de viajar.
FRIEDRICH RÜCKERT

Qual boa ação pratiquei hoje?

O que vou fazer melhor amanhã?

Coisas legais que aconteceram hoje

1.
2.
3.

S T Q Q S S D ___/___/______

Sou grato por...

1. ______
2. ______
3. ______

Deixarei meu dia ótimo assim:

______

Afirmação positiva

______

O fraco não é capaz de perdoar. O perdão é uma característica do forte.[82]
MAHATMA GANDHI

Qual boa ação pratiquei hoje?

______

O que vou fazer melhor amanhã?

______

Coisas legais que aconteceram hoje

1. ______
2. ______
3. ______

AS CINCO PERGUNTAS DA SEMANA

Qual excelente conselho você já recebeu de alguém? E qual conselho você já deu e considera o mais valioso?

Todos têm diferentes papéis na vida (filho, colega de trabalho, mãe, inquilino, melhor amigo, ombro amigo). Quais papéis você desempenha no momento? De quais você gosta e de quais não gosta tanto?

Quando foi a última vez que você mentiu? Em que áreas da vida você mente com frequência até para si mesmo?

Qual é a lembrança mais antiga que você tem de sua infância? E a melhor? Se pudesse voltar no tempo e ser criança de novo, o que você faria?

Você se imagina cuidando de seu parceiro ou de sua parceira até o fim da vida?

ANOTAÇÕES DA SEMANA

S T Q Q S S D ___/___/______

Sou grato por...

1. ______
2. ______
3. ______

Deixarei meu dia ótimo assim:

Afirmação positiva

Desafio da semana
Você se aproxima de pessoas que lhe fazem bem? Nesta semana, escolha uma dessas pessoas e entre em contato com ela.

Qual boa ação pratiquei hoje?

O que vou fazer melhor amanhã?

Coisas legais que aconteceram hoje

1. ______
2. ______
3. ______

S T Q Q S S D ___/___/______

Sou grato por...

1. ______
2. ______
3. ______

Deixarei meu dia ótimo assim:

Afirmação positiva

Tudo que um homem é capaz de imaginar outras pessoas são capazes de realizar.
JÚLIO VERNE

Qual boa ação pratiquei hoje?

O que vou fazer melhor amanhã?

Coisas legais que aconteceram hoje

1. ______
2. ______
3. ______

S T Q Q S S D ___/___/______

Sou grato por...

1. ______
2. ______
3. ______

Deixarei meu dia ótimo assim:

Afirmação positiva

Quem experimenta a felicidade
nunca mais deve ser mesquinho.
SÓFOCLES

Qual boa ação pratiquei hoje?

O que vou fazer melhor amanhã?

Coisas legais que aconteceram hoje

1. ______
2. ______
3. ______

S T Q Q S S D __/__/____

Sou grato por...

1. ____________________
2. ____________________
3. ____________________

Deixarei meu dia ótimo assim:

Afirmação positiva

Algumas pessoas vivem se queixando de que as rosas têm espinhos. Eu sou grato porque os espinhos têm rosas.
ALPHONSE KARR

Qual boa ação pratiquei hoje?

O que vou fazer melhor amanhã?

Coisas legais que aconteceram hoje

1. ____________________
2. ____________________
3. ____________________

S T Q Q S S D ___/___/______

Sou grato por...

1. ______
2. ______
3. ______

Deixarei meu dia ótimo assim:

Afirmação positiva

Procurar felicidade em coisas materiais é o caminho certo para não ser feliz.[83]
PAPA FRANCISCO

Qual boa ação pratiquei hoje?

O que vou fazer melhor amanhã?

Coisas legais que aconteceram hoje

1. ______
2. ______
3. ______

S T Q Q S S D ___/___/______

Sou grato por...

1. ______________________________
2. ______________________________
3. ______________________________

Deixarei meu dia ótimo assim:

Afirmação positiva

Não é porque certas coisas são difíceis que nós não ousamos.
É justamente porque não ousamos que tais coisas são difíceis.
SÊNECA

Qual boa ação pratiquei hoje?

O que vou fazer melhor amanhã?

Coisas legais que aconteceram hoje

1. ______________________________
2. ______________________________
3. ______________________________

S T Q Q S S D ___/___/______

Sou grato por...

1. ___
2. ___
3. ___

Deixarei meu dia ótimo assim:

Afirmação positiva

Viva a vida que você ama
e ame a vida que você vive.
BOB MARLEY

Qual boa ação pratiquei hoje?

O que vou fazer melhor amanhã?

Coisas legais que aconteceram hoje

1. ___
2. ___
3. ___

AS CINCO PERGUNTAS DA SEMANA

Você está apaixonado agora? Caso não esteja, quando foi a última vez que se apaixonou? O que estar apaixonado significa para você e como se sente quando está apaixonado?

O que é mais fácil para você do que para os outros? E, ao contrário, o que é mais difícil para você do que para os outros?

Se pudesse escolher duas pessoas vivas como professores ou mentores, quem escolheria e por quê?

Em média, quantas horas por semana você trabalhou no ano passado? O que você preferiria: ter menos trabalho ou mais trabalho de que realmente goste? Por quê?

Você tem algum vício atualmente? Caso tenha, como se sente em relação a ele? Caso não tenha, em que você já foi viciado?

ANOTAÇÕES DA SEMANA

S T Q Q S S D ___/___/_____

Sou grato por...

1. ______
2. ______
3. ______

Deixarei meu dia ótimo assim:

Afirmação positiva

Desafio da semana
Abra seu armário e doe tudo que não usa mais.

Qual boa ação pratiquei hoje?

O que vou fazer melhor amanhã?

Coisas legais que aconteceram hoje

1. ______
2. ______
3. ______

S T Q Q S S D __/__/____

Sou grato por...

1.
2.
3.

Deixarei meu dia ótimo assim:

Afirmação positiva

Você não precisa saber de onde as coisas vêm, mas para onde elas vão.
SÊNECA

Qual boa ação pratiquei hoje?

O que vou fazer melhor amanhã?

Coisas legais que aconteceram hoje

1.
2.
3.

S T Q Q S S D ___/___/______

Sou grato por...

1.
2.
3.

Deixarei meu dia ótimo assim:

Afirmação positiva

Quem está satisfeito jamais pode ser arruinado.
LAO TSÉ

Qual boa ação pratiquei hoje?

O que vou fazer melhor amanhã?

Coisas legais que aconteceram hoje

1.
2.
3.

S T Q Q S S D ___/___/_____

Sou grato por...

1. ______
2. ______
3. ______

Deixarei meu dia ótimo assim:

Afirmação positiva

Sonhe uma bela vida para você
e torne esse sonho realidade.
MARIE CURIE

Qual boa ação pratiquei hoje?

O que vou fazer melhor amanhã?

Coisas legais que aconteceram hoje

1. ______
2. ______
3. ______

S T Q Q S S D ___/___/______

Sou grato por...

1. ______________________________
2. ______________________________
3. ______________________________

Deixarei meu dia ótimo assim:

Afirmação positiva

É na adversidade que se reconhece um bom amigo.

CÍCERO

Qual boa ação pratiquei hoje?

O que vou fazer melhor amanhã?

Coisas legais que aconteceram hoje

1. ______________________________
2. ______________________________
3. ______________________________

S T Q Q S S D ___/___/______

Sou grato por...

1. ____________________
2. ____________________
3. ____________________

Deixarei meu dia ótimo assim:

____

____

____

____

____

Afirmação positiva

____

____

Quem só faz o que sempre fez só recebe o que sempre recebeu.[84]
TONY ROBBINS

Qual boa ação pratiquei hoje?

____

____

O que vou fazer melhor amanhã?

____

____

Coisas legais que aconteceram hoje

1. ____________________
2. ____________________
3. ____________________

S T Q Q S S D ___/___/______

Sou grato por...

1.
2.
3.

Deixarei meu dia ótimo assim:

Afirmação positiva

Ninguém se torna pobre por doar.
ANNE FRANK

Qual boa ação pratiquei hoje?

O que vou fazer melhor amanhã?

Coisas legais que aconteceram hoje

1.
2.
3.

AS CINCO PERGUNTAS DA SEMANA

Como foi a criação que seus pais lhe deram? O que você faria exatamente igual com seu filho e o que faria diferente?

Qual livro você poderia reler sempre? Qual filme você poderia rever sempre? O que gostar tanto desse livro e desse filme diz sobre você?

Se você tivesse que passar o resto da vida com três pessoas numa ilha deserta, quem seriam elas e por quê?

O seu maior e mais profundo medo já se tornou realidade?

Você é uma pessoa com quem gostaria de passar o resto da vida? Justifique sua resposta.

ANOTAÇÕES DA SEMANA

A CHECAGEM DO MÊS

Humor geral	1	2	3	4	5	6	7	8	9	10
Gratidão	1	2	3	4	5	6	7	8	9	10
Atenção plena	1	2	3	4	5	6	7	8	9	10
Família	1	2	3	4	5	6	7	8	9	10
Amigos	1	2	3	4	5	6	7	8	9	10
Parceria	1	2	3	4	5	6	7	8	9	10
Diversão	1	2	3	4	5	6	7	8	9	10
Calma e serenidade	1	2	3	4	5	6	7	8	9	10
Tempo para si mesmo	1	2	3	4	5	6	7	8	9	10
Alimentação saudável	1	2	3	4	5	6	7	8	9	10
Beber água	1	2	3	4	5	6	7	8	9	10
Atividades físicas	1	2	3	4	5	6	7	8	9	10
Sair de casa	1	2	3	4	5	6	7	8	9	10
Saúde	1	2	3	4	5	6	7	8	9	10
Criatividade	1	2	3	4	5	6	7	8	9	10
Finanças	1	2	3	4	5	6	7	8	9	10
Trabalho e formação	1	2	3	4	5	6	7	8	9	10
Pensamentos e emoções	1	2	3	4	5	6	7	8	9	10
O presente	1	2	3	4	5	6	7	8	9	10
O futuro	1	2	3	4	5	6	7	8	9	10

O CONTROLE DE HÁBITOS

HÁBITO: ______________________________

1	2	3	4	5	6	7	8	9	10	11	12	13	14	15	16
17	18	19	20	21	22	23	24	25	26	27	28	29	30	31	

HÁBITO: ______________________________

1	2	3	4	5	6	7	8	9	10	11	12	13	14	15	16
17	18	19	20	21	22	23	24	25	26	27	28	29	30	31	

HÁBITO: ______________________________

1	2	3	4	5	6	7	8	9	10	11	12	13	14	15	16
17	18	19	20	21	22	23	24	25	26	27	28	29	30	31	

S T Q Q S S D ___/___/______

Sou grato por...

1. ______
2. ______
3. ______

Deixarei meu dia ótimo assim:

Afirmação positiva

Desafio da semana: Nesta semana, medite por cinco minutos todos os dias após a rotina matinal, concentrando-se na sua respiração. Inspire lentamente pelo nariz e expire ainda mais devagar pela boca.

Qual boa ação pratiquei hoje?

O que vou fazer melhor amanhã?

Coisas legais que aconteceram hoje

1. ______
2. ______
3. ______

S T Q Q S S D ___/___/______

Sou grato por...

1.
2.
3.

Deixarei meu dia ótimo assim:

Afirmação positiva

Todos nós vivemos sob o mesmo céu, mas nem todos temos o mesmo horizonte.[85]
KONRAD ADENAUER

Qual boa ação pratiquei hoje?

O que vou fazer melhor amanhã?

Coisas legais que aconteceram hoje

1.
2.
3.

S T Q Q S S D ___/___/______

Sou grato por...

1. ______
2. ______
3. ______

Deixarei meu dia ótimo assim:

Afirmação positiva

Aquele que tem a habilidade de reconhecer o que é belo jamais vai envelhecer.

FRANZ KAFKA

Qual boa ação pratiquei hoje?

O que vou fazer melhor amanhã?

Coisas legais que aconteceram hoje

1. ______
2. ______
3. ______

S T Q Q S S D __/__/____

Sou grato por...

1.
2.
3.

Deixarei meu dia ótimo assim:

Afirmação positiva

A tristeza que se cala corrói
lentamente o coração.
WILLIAM SHAKESPEARE

Qual boa ação pratiquei hoje?

O que vou fazer melhor amanhã?

Coisas legais que aconteceram hoje

1.
2.
3.

S T Q Q S S D __/__/____

Sou grato por...

1.
2.
3.

Deixarei meu dia ótimo assim:

Afirmação positiva

Você nunca está velho demais para criar uma nova meta ou sonhar um novo sonho.
C. S. LEWIS

Qual boa ação pratiquei hoje?

O que vou fazer melhor amanhã?

Coisas legais que aconteceram hoje

1.
2.
3.

S T Q Q S S D ___/___/______

Sou grato por...

1. ______
2. ______
3. ______

Deixarei meu dia ótimo assim:

Afirmação positiva

Quem mais ganha é quem mais alegria dá.[86]
MADRE TERESA DE CALCUTÁ

Qual boa ação pratiquei hoje?

O que vou fazer melhor amanhã?

Coisas legais que aconteceram hoje

1. ______
2. ______
3. ______

S T Q Q S S D ___/___/______

Sou grato por...

1. ____________________
2. ____________________
3. ____________________

Deixarei meu dia ótimo assim:

Afirmação positiva

Viver de verdade é a coisa mais rara do mundo.
A maioria das pessoas apenas existe.
OSCAR WILDE

Qual boa ação pratiquei hoje?

O que vou fazer melhor amanhã?

Coisas legais que aconteceram hoje

1. ____________________
2. ____________________
3. ____________________

AS CINCO PERGUNTAS DA SEMANA

Qual projeto está adormecido há muito tempo em sua mente e merece mais dedicação? Como você pode dar o primeiro passo hoje?

Quais foram as melhores férias que você já teve e por que foram tão fantásticas?

Se houvesse um filme sobre a sua vida, qual seria o título e qual seria a trama? Quem faria o seu papel e por que seria essa pessoa?

Qual decisão foi ou será a mais determinante de sua vida?

Quando foi a última vez que você passou alguns dias sem internet? Como foi essa experiência?

ANOTAÇÕES DA SEMANA

S T Q Q S S D ___/___/______

Sou grato por...

1. ______
2. ______
3. ______

Deixarei meu dia ótimo assim:

Afirmação positiva

Desafio da semana: Você deve ser um contraponto positivo. Se presenciar alguém falando algo depreciativo a respeito de outra pessoa, diga algo agradável sobre ela.

Qual boa ação pratiquei hoje?

O que vou fazer melhor amanhã?

Coisas legais que aconteceram hoje

1. ______
2. ______
3. ______

S T Q Q S S D ___/___/______

Sou grato por...

1. ______
2. ______
3. ______

Deixarei meu dia ótimo assim:

Afirmação positiva

Você precisa compartilhar a felicidade para multiplicá-la.
MARIE VON EBNER-ESCHENBACH

Qual boa ação pratiquei hoje?

O que vou fazer melhor amanhã?

Coisas legais que aconteceram hoje

1. ______
2. ______
3. ______

S T Q Q S S D ___/___/_____

Sou grato por...

1. ______
2. ______
3. ______

Deixarei meu dia ótimo assim:

Afirmação positiva

Quem abre mão da liberdade em troca de segurança acaba perdendo as duas.
BENJAMIN FRANKLIN

Qual boa ação pratiquei hoje?

O que vou fazer melhor amanhã?

Coisas legais que aconteceram hoje

1. ______
2. ______
3. ______

S T Q Q S S D ___/___/_____

Sou grato por...

1. ______

2. ______

3. ______

Deixarei meu dia ótimo assim:

Afirmação positiva

A cautela é uma atitude que traz segurança,
mas raramente felicidade.
SAMUEL JOHNSON

Qual boa ação pratiquei hoje?

O que vou fazer melhor amanhã?

Coisas legais que aconteceram hoje

1. ______

2. ______

3. ______

S T Q Q S S D ___/___/______

Sou grato por...

1.
2.
3.

Deixarei meu dia ótimo assim:

Afirmação positiva

É possível construir coisas belas com as pedras que são postas em nosso caminho.
JOHANN WOLFGANG VON GOETHE

Qual boa ação pratiquei hoje?

O que vou fazer melhor amanhã?

Coisas legais que aconteceram hoje

1.
2.
3.

S T Q Q S S D ___/___/______

Sou grato por...

1. ___
2. ___
3. ___

Deixarei meu dia ótimo assim:

Afirmação positiva

Quem quer ser feliz o tempo todo precisa mudar constantemente.
CONFÚCIO

Qual boa ação pratiquei hoje?

O que vou fazer melhor amanhã?

Coisas legais que aconteceram hoje

1. ___
2. ___
3. ___

S T Q Q S S D ___/___/______

Sou grato por...

1.
2.
3.

Deixarei meu dia ótimo assim:

Afirmação positiva

A única pessoa que se comporta racionalmente é meu alfaiate. Sempre que me encontra ele tira minhas medidas, enquanto os outros usam as antigas achando que se aplicam até hoje. GEORGE BERNARD SHAW

Qual boa ação pratiquei hoje?

O que vou fazer melhor amanhã?

Coisas legais que aconteceram hoje

1.
2.
3.

AS CINCO PERGUNTAS DA SEMANA

O que é mais valioso para você e por quê?

Se pudesse reviver um dia da mesma maneira, qual seria? O que houve de tão especial nesse dia?

Quais características os outros mais valorizam em você? E por quais é criticado com mais frequência?

Todo mundo fica magoado uma vez ou outra. Você é capaz de perdoar aqueles que o magoaram e deixar para trás qualquer ressentimento? Quando foi a última vez que fez isso?

Quando você teve uma grande crise de riso? E de que riu com tanta vontade?

ANOTAÇÕES DA SEMANA

Lembrete

Restam apenas duas semanas

O *Diário dos 6 minutos* só vai poder acompanhar você por mais 14 dias.

Pense em qual será seu próximo companheiro de viagem e continue trabalhando em prol de sua felicidade pessoal.

"

Um objetivo nem sempre existe para ser alcançado; às vezes ele serve simplesmente para trabalharmos na direção de alguma coisa.[87]

BRUCE LEE

S T Q Q S S D ___/___/______

Sou grato por...

1. ______
2. ______
3. ______

Deixarei meu dia ótimo assim:

______
______
______
______
______

Afirmação positiva

______
______

Desafio da semana: Escreva uma lista com as cinco coisas pelas quais você mais gostaria de agradecer a seus pais. O ideal é que você mostre a lista a eles depois.

Qual boa ação pratiquei hoje?

______
______

O que vou fazer melhor amanhã?

______
______

Coisas legais que aconteceram hoje

1. ______
2. ______
3. ______

S T Q Q S S D ___/___/______

Sou grato por...

1. ______
2. ______
3. ______

Deixarei meu dia ótimo assim:

______

Afirmação positiva

______

Você não aprende a correr seguindo regras.
Você aprende a correr caindo.[88]
RICHARD BRANSON

Qual boa ação pratiquei hoje?

______

O que vou fazer melhor amanhã?

______

Coisas legais que aconteceram hoje

1. ______
2. ______
3. ______

S T Q Q S S D ___/___/______

Sou grato por...

1.
2.
3.

Deixarei meu dia ótimo assim:

Afirmação positiva

Feliz é aquele que esquece
o que não pode mais ser modificado.
JOHANN STRAUSS

Qual boa ação pratiquei hoje?

O que vou fazer melhor amanhã?

Coisas legais que aconteceram hoje

1.
2.
3.

S T Q Q S S D ___/___/______

Sou grato por...

1.
2.
3.

Deixarei meu dia ótimo assim:

Afirmação positiva

O mundo quebra todos; no entanto, muitos tornam-se mais fortes justamente no ponto onde foram quebrados.[89]
ERNEST HEMINGWAY

Qual boa ação pratiquei hoje?

O que vou fazer melhor amanhã?

Coisas legais que aconteceram hoje

1.
2.
3.

S T Q Q S S D ___/___/_____

Sou grato por...

1.
2.
3.

Deixarei meu dia ótimo assim:

Afirmação positiva

A liberdade do homem reside não em poder fazer o que quiser, mas em não ter que fazer o que não quiser.
JEAN-JACQUES ROUSSEAU

Qual boa ação pratiquei hoje?

O que vou fazer melhor amanhã?

Coisas legais que aconteceram hoje

1.
2.
3.

S T Q Q S S D ___/___/______

Sou grato por...

1. ____
2. ____
3. ____

Deixarei meu dia ótimo assim:

Afirmação positiva

Os grandes momentos são aqueles em que fazemos o que nunca pensamos que poderíamos fazer.
MARIE VON EBNER-ESCHENBACH

Qual boa ação pratiquei hoje?

O que vou fazer melhor amanhã?

Coisas legais que aconteceram hoje

1. ____
2. ____
3. ____

S T Q Q S S D ___/___/______

Sou grato por...

1. __________
2. __________
3. __________

Deixarei meu dia ótimo assim:

Afirmação positiva

A única limitação para a nossa realização de amanhã são as nossas dúvidas de hoje.
FRANKLIN D. ROOSEVELT

Qual boa ação pratiquei hoje?

O que vou fazer melhor amanhã?

Coisas legais que aconteceram hoje

1. __________
2. __________
3. __________

AS CINCO PERGUNTAS DA SEMANA

Mudança de perspectiva para suscitar reflexão: em relação a qual assunto você se sente indeciso? Você deve conhecer alguém com quem nem sempre concorda, mas cuja opinião valoriza. O que você acha que essa pessoa diria sobre essa questão?

Qual foi a maior mudança pela qual você já passou até hoje? Qual foi o gatilho para essa mudança acontecer?

Você vai ter um primeiro encontro e só pode fazer três perguntas. Quais seriam elas?

O que você vai fazer quando tiver alcançado todos os seus objetivos materiais e financeiros?

O que você sempre quis fazer e o que o impediu de fazer isso até agora?

ANOTAÇÕES DA SEMANA

S T Q Q S S D ___/___/_____

Sou grato por...

1. ______
2. ______
3. ______

Deixarei meu dia ótimo assim:

Afirmação positiva

Desafio da semana

Qual amigo teve o papel mais importante em sua vida no ano passado? Escreva a ele e expresse sua gratidão.

Qual boa ação pratiquei hoje?

O que vou fazer melhor amanhã?

Coisas legais que aconteceram hoje

1. ______
2. ______
3. ______

S T Q Q S S D ___/___/______

Sou grato por...

1. ______
2. ______
3. ______

Deixarei meu dia ótimo assim:

Afirmação positiva

Você precisa olhar para a alma. De que serve um corpo bonito se não há uma alma bonita nele?
EURÍPIDES

Qual boa ação pratiquei hoje?

O que vou fazer melhor amanhã?

Coisas legais que aconteceram hoje

1. ______
2. ______
3. ______

S T Q Q S S D ___/___/_____

Sou grato por...

1. ___
2. ___
3. ___

Deixarei meu dia ótimo assim:

Afirmação positiva

> *Não é preciso realizar feitos extraordinários para alcançar resultados extraordinários.*[90]
>
> WARREN BUFFETT

Qual boa ação pratiquei hoje?

O que vou fazer melhor amanhã?

Coisas legais que aconteceram hoje

1. ___
2. ___
3. ___

S T Q Q S S D ___/___/______

Sou grato por...

1. ______
2. ______
3. ______

Deixarei meu dia ótimo assim:

Afirmação positiva

Não tenha medo de crescer devagar; só tenha medo de permanecer no mesmo lugar.
PROVÉRBIO CHINÊS

Qual boa ação pratiquei hoje?

O que vou fazer melhor amanhã?

Coisas legais que aconteceram hoje

1. ______
2. ______
3. ______

S T Q Q S S D ___/___/_____

Sou grato por...

1.
2.
3.

Deixarei meu dia ótimo assim:

Afirmação positiva

Na vida, a pessoa de quem mais necessitamos é a que nos leva a fazer o que somos capazes de fazer.
RALPH WALDO EMERSON

Qual boa ação pratiquei hoje?

O que vou fazer melhor amanhã?

Coisas legais que aconteceram hoje

1.
2.
3.

S T Q Q S S D ___/___/_____

Sou grato por...

1. ____
2. ____
3. ____

Deixarei meu dia ótimo assim:

Afirmação positiva

De acordo com as leis da física, uma abelha não pode voar. Mas a abelha não sabe disso, ela apenas voa.[91]

MARY KAY ASH

Qual boa ação pratiquei hoje?

O que vou fazer melhor amanhã?

Coisas legais que aconteceram hoje

1. ____
2. ____
3. ____

S T Q Q S S D ___/___/_____

Sou grato por...

1. ______
2. ______
3. ______

Deixarei meu dia ótimo assim:

______

Afirmação positiva

______

A época mais difícil em nossa vida é a melhor oportunidade para desenvolvermos nossa força interior.[92]
DALAI LAMA

Qual boa ação pratiquei hoje?

______

O que vou fazer melhor amanhã?

______

Coisas legais que aconteceram hoje

1. ______
2. ______
3. ______

AS CINCO PERGUNTAS DA SEMANA

Se hoje fosse o último dia de sua vida, o que você faria?

Quem influenciou você de maneira especial e como foi essa influência?

Qual lema melhor descreve sua vida até agora? Seu cotidiano deve continuar a ser regido por esse mesmo lema?

Na sua opinião, qual é a maior injustiça de todas e como você contribui para minimizá-la?

Quando foi a última vez que você fez algo pela primeira vez? Como você se sentiu?

ANOTAÇÕES DA SEMANA

A CHECAGEM DO MÊS

Humor geral	1	2	3	4	5	6	7	8	9	10
Gratidão	1	2	3	4	5	6	7	8	9	10
Atenção plena	1	2	3	4	5	6	7	8	9	10
Família	1	2	3	4	5	6	7	8	9	10
Amigos	1	2	3	4	5	6	7	8	9	10
Parceria	1	2	3	4	5	6	7	8	9	10
Diversão	1	2	3	4	5	6	7	8	9	10
Calma e serenidade	1	2	3	4	5	6	7	8	9	10
Tempo para si mesmo	1	2	3	4	5	6	7	8	9	10
Alimentação saudável	1	2	3	4	5	6	7	8	9	10
Beber água	1	2	3	4	5	6	7	8	9	10
Atividades físicas	1	2	3	4	5	6	7	8	9	10
Sair de casa	1	2	3	4	5	6	7	8	9	10
Saúde	1	2	3	4	5	6	7	8	9	10
Criatividade	1	2	3	4	5	6	7	8	9	10
Finanças	1	2	3	4	5	6	7	8	9	10
Trabalho e formação	1	2	3	4	5	6	7	8	9	10
Pensamentos e emoções	1	2	3	4	5	6	7	8	9	10
O presente	1	2	3	4	5	6	7	8	9	10
O futuro	1	2	3	4	5	6	7	8	9	10

O CONTROLE DE HÁBITOS

HÁBITO: ______________________________

1	2	3	4	5	6	7	8	9	10	11	12	13	14	15	16
17	18	19	20	21	22	23	24	25	26	27	28	29	30	31	

HÁBITO: ______________________________

1	2	3	4	5	6	7	8	9	10	11	12	13	14	15	16
17	18	19	20	21	22	23	24	25	26	27	28	29	30	31	

HÁBITO: ______________________________

1	2	3	4	5	6	7	8	9	10	11	12	13	14	15	16
17	18	19	20	21	22	23	24	25	26	27	28	29	30	31	

Um grande marco

... você conseguiu!

Nos últimos meses, você vem preenchendo as páginas do diário com suas impressões pessoais. Agora, ele está completo e você pode se orgulhar do trabalho que fez. Como você se sente neste exato momento? Tomara que esteja em sintonia com as circunstâncias: grandioso, magnífico, fantástico, fenomenal.

Passe alguns minutos folheando sua obra. Inspire realização e expire dúvida. Tome consciência de tudo o que fez até aqui para extrair energia do que realizou e direcioná-la para as metas e os desafios que estão por vir. Aproveite o que conquistou e deixe o sucesso agir sobre você.

Dê mais uma olhada em todas as checagens e reflita sobre as mudanças pelas quais você passou nos últimos meses. O que aprendeu sobre si mesmo e quais foram suas experiências mais bem-sucedidas?

Uma última pergunta: qual boa ação você praticou hoje? Sua resposta deveria ser: "Compartilhei com você minhas experiências registradas no *Diário dos 6 minutos.*" :)

Notas

1. Maxwell, John C. (2015): It all comes down to what you do daily. http://www.johnmaxwell.com/blog/it-all-comes-down-to-what-you-do-daily.
2. Baumeister, Roy F.; Bratslavsky, Ellen; Finkenauer, Catrin; Vohs, Kathleen D. (2001): Bad Is Stronger Than Good, in: *Review of General Psychology*, n. 5 (4).
3. Haidt, Jonathan (2009): *The Happiness Hypothesis. Putting Ancient Wisdom and Philosophy to the Test of Modern Science.*
4. Lally, P.; H. M. Van Jaarsveld, Cornelia; Potts, Henry W. W.; Wardle, Jane (2009): How habits are formed: Modelling habit formation in the real world, in: *European Journal of Social Psychology*, ed. 40 (6).
5. Ferriss, Tim (2018): Ferramentas dos Titãs. *Estratégias, hábitos e rotinas de milionários, celebridades e atletas de elite.*
6. Robbins, Anthony (2012): *Change*, Robbins Research International.
7. Mueller, Pam A.; Oppenheimer, Daniel M. (2014): The Pen is Mightier Than the Keyboard: Advantages of Longhand Over Laptop Note Taking, in: *Psychological Science*, ed. 25 (6).
8. Kogwanez, Heide E.; Kerse, Ngaire; Darragh, Margot; Jarret, Paul; Booth, Roger J.; Broadbent, Elizabeth (2013): Expressive writing and wound healing in older adults: a randomized controlled trial, in: *Psychosomatic Medicine*, ed. 78 (6).
9. The Tim Ferriss Show: Naval Ravikant on Happiness Hacks and the 5 Chimps Theory, ep. 136.
10. Dalai Lama (2000): *A arte da felicidade. Um manual para a vida.*
11. Segundo Walsch, Neale Donald (2010): "A vida começa onde termina sua zona de conforto". Retirado de*: Se tudo mudou, mude tudo! Como se preparar para as mudanças na vida.*
12. Retirado de: Dalio, Ray (2018): *Princípios.*
13. Dalio, Ray (2018): *Princípios.*
14. Gilbert, Daniel T.; Quoidbach, Jordi; Wilson, Timothy D. (2013): The End of History Illusion, in: *Science,* 4 jan. 2013. Vol. 339, ed. 6.115, pp. 96-98.
15. Seger, Carol A.; Spiering, Brian J. (2011): A Critical Review of Habit Learning and the Basal Ganglia, in: Frontiers *in Systems Neuroscience.* 5:66.
16. Cf. Duhigg, Charles (2012): *O poder do hábito. Por que fazemos o que fazemos na vida e nos negócios.*
17. Myers, David G. (2000): The Funds, Friends, and Faith of Happy People, in: *American Psychologist*, ed. 55 (1).
18. Jung, Carl Gustav (2014): *Dois escritos sobre psicologia analítica.*
19. Ziglar, Zig (1986): *Os segredos da arte de vender.*
20. Garland, Eric L.; Carter, Kristin; Ropes, Katie; Howard, Matthew O. (2011): Thought Suppression, Impaired Regulation of Urges, and Addiction-Stroop Predict Affect-Modulated Cue-Reactivity among Alcohol Dependent Adults, in: *Biological Psychology*, ed. 89 (1).
21. Zaltmann, Gerald (2003): *How Customers Think: Essential Insights into the Mind of the Market.*

22. Wood, Wendy; Qinn, Jeffrey M.; Kashy, Deborah A. (2002): Habits in Everyday Life: Thought, Emotion and Action, in: *Journal of Personality and Social Psychology*, ed. 83 (6).
23. Hagger, Martin S.; Wood, Chantelle; Stiff, Chris; Nikos, L. D. (2014): Ego Depletion and the Strength Model of Self-Control: A Meta-Analysis, in: *Psychological Bulletin*, 136, ed. (4).
24. Widener, Chris (2014): *Jim Rohn's 8 Best Success Lessons.*
25. Lally, P.; H. M. Van Jaarsveld, Cornelia; Potts, Henry W. W.; Wardle, Jane (2009): How habits are formed: Modelling habit formation in the real world, in: *European Journal of Social Psychology*, ed. 40 (6).
26. Maguire, Eleanor A.; Spiers, Hugo J.; Woollett, Katherine (2006): London Taxi Drivers: A Structural MRI and Neuropsychological Analysis, in: *Hippocampus*, 16 (12).
27. Jürgen, Neffe (2006): *Einstein: Uma biografia.*
28. Duhigg, Charles (2014): *O poder do hábito: Por que fazemos o que fazemos na vida e nos negócios.*
29. Buffett, Mary; Clark, David (2020): *O Tao de Warren Buffett.*
30. Law, Lai Chong; Mandl, Heinz; Henninger, Michael (1998): Training of Reflection: Its feasibility and boundary conditions, in: *Institut für pädagogische Psychologie und empirische Pädagogik.*
31. Schaw, Gregory (1998): Promoting general metacognitive awareness, in: *Psychological Science*, ed. 26.
32. Gilbert, Daniel (2021): *Felicidade por acaso.*
33. Lembke, Robert (1993): *Grüße aus dem Fettnäpfchen. Aphorismen.* Aphorismen.
34. Lee, Paul; Calugar-Pop, Cornelia (2015): Global Mobile Consumer Survey. Insights into global consumer mobile trends. http://www2.deloitte.com/global/en/pages/technology-media-and-telecommunications/articles/global-mobile-consumer-survey.html.
35. Relatório da OMS (2015): Die Länder mit der höchsten Lebenserwartung. https://www.welt.de/gesundheit/article128053733/Die-Laender-mit-der-hoechsten-Lebenserwartung.html.
36. Emmons, Robert A.; McCullough, Michael E. (2003): Counting Blessings Versus Burdens: An Experimental Investigation of Gratitude and Subjective Well-Being in Daily Life, in: *Journal of Personality and Social Psychology*, ed. 84 (2).
37. Oprah's Gratitude Journal; OWN Oprah Winfrey Network (2012): https://youtu.be/saZWjllwU8c.
38. Seligman, Martin E. P.; Steen, Tracy A.; Park, Nansook; Peterson, Christopher (2005): Positive Psychology Progress. Empirical Validation of Interventions, in: *American Psychologist*, ed. 60 (5).
39. Citado por: Wildgruber, Florian (2017): *Stärke: Warum wir alle mehr können, als wir glauben.*
40. Achor, S. (2021): *A vantagem do cérebro feliz: Os sete princípios da psicologia positiva que alimentam o sucesso e o desempenho no trabalho.*
41. Seligman, Martin E. P. (2019): *Felicidade autêntica: Use a psicologia positiva para alcançar todo seu potencial.*
42. Tony Robbins' 10-Minute Morning Ritual; OWN Oprah Winfrey Network (2016): https://www.youtube.com/watch?v=qRnuNLAPZz4.
43. Schweitzer, Albert (1995): *Aus meinem Leben und Denken.*

44. Watkins, Philip C. (2014): *Gratitude and the Good Life. Toward a Psychology of Appreciation.*
45. Diener, Ed; Seligman, Martin E. P. (2002): Research Report. Very Happy People, in: *Psychological Science*, ed. 13 (1).
46. Mehrabian, Albert; Blum, Jeffrey S. (1997): Physical appearance, attractiveness, and the mediating role of emotions, in: *Current Psychology: A Journal for Diverse Perspectives on Diverse Psychological Issues*, ed. 16 (1).
47. Dispenza, Joe (2008): *Evolve your Brain: The Science of Changing Your Mind.*
48. Eccles, John C. (1996): *How the Self Controls its Brain.*
49. Achor, Shawn (2012): Positive Intelligence, in: *Harvard Business Review*, ed. 1.
50. Cf. Duhigg, Charles (2012): *O poder do hábito. Por que fazemos o que fazemos na vida e nos negócios.*
51. Retirado de: Kennard, Aaron (2015): *Affirm Your Truth: A 30-Day Mental Transformation from Stressed, Anxious, or Depressed – to Happy, Hopeful, and Full of Peace.*
52. N. Cascio, Christopher; Brook O'Donnel, Matthew; Falk, Emily B.; Taylor, Shelley E.; Tinney, Francis J. (2015): Self-affirmation activates brain systems associated with self-related processing and reward and is reinforced by future orientation, in: *Social Cognitive and Affective Neuroscience*, ed. 11 (4).
53. Baumann, Siguard (2006): *Psychologie im Sport.*
54. Lee, Paul; Calugar-Pop, Cornelia (2015): *Global Mobile Consumer Survey. Insights into global consumer mobile trends.* http://www2.deloitte.com/global/en/pages/technology-media-and-telecommunications/articles/global-mobile-consumer-survey.html.
55. Eggermont, Steven; Van den Bulck, Jan (2006): Nodding off or switching off? The use of popular media as a sleep aid in the secondary-school children, in: *Journal of Paediatrics and Child Health*, ed. 30 (9).
56. Lyubomirsky, Sonja; King, Laura; Servo, Ed (2005): The Benefits of Frequent Positive Affect: Does Happiness Lead to Success?, in: *Psychological Bulletin*, ed. 131 (6).
57. Svoboda, Elizabeth (2013): *What Makes a Hero?: The Surprising Science of Selflessness.*
58. Seligman, Martin (2019): *Aprenda a ser otimista: Como mudar sua mente e sua vida.*
59. Do famoso trabalho de Maquiavel: *O príncipe.*
60. Swallow, Stephen R.; Kuiper, Nicholas A.: Social Comparison and negative self-evaluations: An application to depression, in: *Clinical Psychology Review*, ed. 8 (1).
61. Danner, Deborah D.; Snowdon, David A.; Friesen, Wallace V. (2013): Positive Emotions in Early Life and Longevity: Findings from the Study, in: *Journal of Personality and Social Psychology*, ed. 80 (5).
62. Retirado de: Trautwein, John (2014): My Living Will: A Father's Story of Loss & Hope.
63. Hanson, Rick (2015): *O cérebro e a felicidade: Como treinar sua mente para atrair serenidade, amor e autoconfiança.*
64. Hayes, Stephen C.; Rosenfarb, Irwin; Wulfert, Edelgard; Mund, Edwin D.; Korn, Zamir; Zettle, Robert D. (1985): Self-reinforcement effects: An artifact of social standard setting?, in: *Journal of Applied Behaviour Analysis*, ed. 18 (3).

65. Romanus, Thomas (2008): *Kleine Momente, die glücklich machen.*
66. Arp, Susmita (2015): *Gandhi.*
67. Gates, Bill (2015): *A estrada do futuro.*
68. Drucker, Peter F.; Paschek, Peter (2014): *Kardinaltugenden effektiver Führung.*
69. Dalin, Per (1997): *Schule auf dem Weg in das 21 Jahrhundert.*
70. Kranzpiller, Peter (2003): *Danny Kaye. Stars der Kinoszene; Band 35.*
71. Citado por: Thackray; Brock; Jones (2015): *Moore's Law. The Life of Gordon Moore, Silicon Valley's Quiet Revolutionary.*
72. Retirado de: Dalai Lama (2008): *108 pérolas de sabedoria para atingir a serenidade.*
73. Peale, Norman Vincent (2016): *O poder do pensamento positivo.*
74. Retirado de: Madre Teresa; Devananda, Angelo; Liesenfeld, Stefan (2008): *Ich bin Gottes Bleistift. Gedanken für jeden Tag.*
75. Godin, Seth (2014): *Você é indispensável?*
76. Dalai Lama (2000): *A arte da felicidade. Um manual para a vida.*
77. Título original: *The Matrix* (1999). Roteiro: Lana Wachowski, Lilly Wachowski.
78. Carnegie, Dale (2019): *Como fazer amigos e influenciar pessoas.*
79. Dalai Lama (2000): *A arte da felicidade. Um manual para a vida.*
80. Retirado de: Salber, Linde (2001): *Marlene Dietrich.*
81. Geiger, Ruth-Esther (1995): *Marilyn Monroe.*
82. Arp, Susmita (2015): *Mahatma Gandhi.*
83. Papa Francisco (2013): https://twitter.com/pontifex_de/status/379156466357129216?lang=de.
84. https://www.tonyrobbins.com/.
85. http://www.kas.de.
86. Retirado de: Madre Teresa; Devananda, Angelo; Liesenfeld, Stefan (2008): *Ich bin Gottes Bleistift. Gedanken für jeden Tag.*
87. Kumar, Abhishek (2017): *The Life and Times of Bruce Lee.*
88. Branson, Richard (2019): *Acredite em você e vá em frente. O segredo do sucesso de uma mente milionária.*
89. Hemingway, Ernest (2013): *Adeus às armas.*
90. Buffett, Mary; Clark, David (2020): *O Tao de Warren Buffett.*
91. Ash, Mary Kay (1996): *You Can Have It All: Lifetime Wisdom from America's Foremost Woman Entrepreneur*
92. Retirado de: Dalai Lama (2008): *108 pérolas de sabedoria para atingir a serenidade.*

Sobre o autor

Dominik Spenst é um escritor e empreendedor alemão. Estudou administração de empresas em Frankfurt e Paderborn, na Alemanha, em Bangcoc, na Tailândia, e em Barcelona, na Espanha. Um grave acidente de moto, seguido de alguns meses no hospital e várias cirurgias, mudou sua vida e o motivou a escrever este diário. Spenst criou e gerencia a plataforma UrBestSelf, voltada à produção de livros que estimulem uma vida com mais atenção plena e menos estresse.

ANOTAÇÕES E IDEIAS

ANOTAÇÕES E IDEIAS

ANOTAÇÕES E IDEIAS

ANOTAÇÕES E IDEIAS

ANOTAÇÕES E IDEIAS

ANOTAÇÕES E IDEIAS

ANOTAÇÕES E IDEIAS

CONHEÇA ALGUNS DESTAQUES DE NOSSO CATÁLOGO

- Brené Brown: *A coragem de ser imperfeito – Como aceitar a própria vulnerabilidade, vencer a vergonha e ousar ser quem você é* (600 mil livros vendidos) e *Mais forte do que nunca*
- T. Harv Eker: *Os segredos da mente milionária* (2 milhões de livros vendidos)
- Dale Carnegie: *Como fazer amigos e influenciar pessoas* (16 milhões de livros vendidos) e *Como evitar preocupações e começar a viver* (6 milhões de livros vendidos)
- Greg McKeown: *Essencialismo – A disciplinada busca por menos* (400 mil livros vendidos) e *Sem esforço – Torne mais fácil o que é mais importante*
- Haemin Sunim: *As coisas que você só vê quando desacelera* (450 mil livros vendidos) e *Amor pelas coisas imperfeitas*
- Ana Claudia Quintana Arantes: *A morte é um dia que vale a pena viver* (400 mil livros vendidos) e *Pra vida toda valer a pena viver*
- Ichiro Kishimi e Fumitake Koga: *A coragem de não agradar – Como a filosofia pode ajudar você a se libertar da opinião dos outros, superar suas limitações e se tornar a pessoa que deseja* (200 mil livros vendidos)
- Simon Sinek: *Comece pelo porquê* (200 mil livros vendidos) e *O jogo infinito*
- Robert B. Cialdini: *As armas da persuasão* (350 mil livros vendidos) e *Pré-suasão – A influência começa antes mesmo da primeira palavra*
- Eckhart Tolle: *O poder do agora* (1,2 milhão de livros vendidos) e *Um novo mundo* (240 mil livros vendidos)
- Edith Eva Eger: *A bailarina de Auschwitz* (600 mil livros vendidos)
- Cristina Núñez Pereira e Rafael R. Valcárcel: *Emocionário – Um guia prático e lúdico para lidar com as emoções* (de 4 a 11 anos) (800 mil livros vendidos)